Catarina Kossuth-Wolkenstein

Die Marke Eskimo

Catarina Kossuth-Wolkenstein

Die Marke Eskimo
Eine Erfolgsgeschichte

Die Deutsche Bibliothek - CIP-Einheitsaufnahme

Kossuth-Wolkenstein, Catarina:
Die Marke Eskimo : eine Erfolgsgeschichte / Catarina Kossuth-Wolkenstein. Hrsg.: WWG –
Österreichische Werbewissenschaftliche Gesellschaft. – Wien, Hamburg :
Signum, 2000
ISBN 3-85436-291-9

© Signum Verlag Ges.m.b.H. & Co. KG
A-1080 Wien, Albertgasse 33
Tel.: 0043/1/406 50 33-0
Fax: 0043/1/406 50 33-12
E-Mail: contact.us@signum.at
Website: http://www.signum.at
Deutsche Niederlassung:
D-20355 Hamburg, Kaiser-Wilhelm-Straße 93
Tel.: 0049/40/35 006-850
Fax: 0049/40/35 006-800
E-Mail: signum@westerwelle.at
Website: http://www.westerwelle.de/signum
Alle Rechte vorbehalten

Covergestaltung: © Oliver Tippner, ESKIMO-IGLO, Österr. Unilever Ges. m. b. H.
Layout: © Oliver Tippner, ESKIMO-IGLO, Österr. Unilever Ges. m. b. H.
Grafische Gestaltung: ready to print, Bernhard Breiner, A-2601 Maria Theresia, Ahorngasse 14A
Litho: Reprozwölf Spannbauer GmbH & Co KG, A-1120 Wien, Murlingengasse 7
Druck: Druckerei Hans Jentzsch & Co. GesmbH, Wien

ISBN 3-85436-291-9

Wien • Hamburg 2000

Inhaltsverzeichnis

Vorwort 9
1. Einleitung 11
2. Begriffsabgrenzung 13
3. Eskimo – Eine Unilever-Marke 23
4. Eskimo – Historische Entwicklung,
   die Schöpfung der Marke 25
   - 4.1. Das Produkt Speiseeis –
     Es begann mit dem Gipfelschnee 25
   - 4.2. Die Marke Eskimo 26
   - 4.3. Eskimo – Der Markenname und das Logo ... 32

5. Der österreichische Eismarkt 39
   - 5.1. Gesetzliche Grundlagen 39
   - 5.2. Der Produktionsprozeß 40
     - 5.2.1. So wird Genuß erzeugt 40
     - 5.2.2. Qualitätsnormen und Hygienevorschriften 43
   - 5.3. Der Eiskonsum 44

6. Das Sortiment – Die Dachmarke und
   die Einzelmarken 49
   - 6.1. Die Dachmarke Eskimo 49
   - 6.2. Die Einzelmarken 51
     - 6.2.1. Einzelmarken im Impulsbereich 51
     - 6.2.2. Take-home-Bereich 55
     - 6.2.3. Gastronomiebereich 56

7. Die Konkurrenzmarken 57
   - 7.1. Impulsbereich 58
   - 7.2. Take-home-Bereich 59
   - 7.3. Gastronomie 61

8. Die Erfolgsfaktoren der Marke Eskimo 63
8.1. Eskimo – Eine Dachmarke 63
8.2. Produktrange 69
8.3. Tradition 70
8.4. Balance zwischen Kontinuität und Innovation 71
8.5. Marken- und Produktinnovationen 73
8.5.1. Forschung und Entwicklung 73
8.5.2. Der Innovationsprozeß nach dem IPM-System 74
8.5.3. Die Rolle der Innovationen für die Dachmarke . 76
8.6. Availability und Visibility 77
8.6.1. Die Marke auf Konsumentenseite 77
8.6.2. Die Marke auf der Handelsseite 78
8.7. Kommunikation 81
8.7.1. POS/Eskimo-Preistafelgalerie 82
8.7.2. Klassische Werbung 97
8.7.3. Die Verpackung 105
8.8. Qualitätsmanagement 108
8.9. Der Geschmack 108
8.10. Preispolitik 108
8.11. Logistik 110
8.12. Marktforschung 113
8.13. Neuer internationaler Auftritt der Marke Eskimo 120
8.13.1. Eskimo – Eine österreichische Marke und doch international 120
8.13.2. Die Hintergründe für den neuen optischen Auftritt ... 121
8.13.3. Der Umstellungsprozeß 126
8.13.4. Implementierung in Österreich 128

9. Zusammenfassung 131

10. Literaturverzeichnis 133

Vorwort

Die Österreichische Werbewissenschaftliche Gesellschaft (WWG) will mit der Reihe „Die Marke" gemeinsam mit der Praxis das Verständnis des Phänomens „Marke" verbessern. Denn der Erfolg von Unternehmen, sogar der Wirtschaft eines Landes, hängt mehr denn je von der Stärke seiner Marken ab.

Die Marke „Eskimo" ist der dritte Band dieser Reihe. Diese markentechnische Studie wurde von Frau Mag. Catarina Kossuth-Wolkenstein verfaßt. Sie wendet sich gleichermaßen an den Marketingpraktiker wie an den Studierenden.

Unser Dank gebührt Herrn Dr. Werner Petry, Generaldirektor von *Unilever* Österreich und Herrn Drs. J. W. Eenhoorn, die *Eskimo* unter den Marken von *Unilever* ausgewählt haben und durch die Wirtschaftsuniversität Wien bearbeiten ließen. *Eskimo* ist die zweitumsatzstärkste Marke von *Unilever* und eine der beliebtesten Marken der Österreicher.

Während die Autoren der beiden ersten Bände dieser Schriftenreihe, nämlich Herr Mag. Willy Lehmann (*Römerquelle*) und Herr Dkfm. Leopold Springinsfeld (*Persil*) selbst mit der Markenführung in führender Position befaßt waren, hat Frau Mag. Kossuth-Wolkenstein die schwierige Aufgabe gemeistert, als „Außenstehende" die Marke auszuloten und zu dokumentieren.

Die Arbeit entstand im Zuge einer Diplomarbeit am Lehrstuhl für Werbewissenschaft und Marktforschung an der Wirtschaftsuniversität Wien und wurde außer vom Unterzeichneten von den Verantwortlichen der Marke *Eskimo* intensiv betreut. Aus diesem Grunde gebührt dem Hause *Unilever/Eskimo-Iglo*, insbesondere den Herren Dkfm. Thomas Bruneforth und Drs. J. W. Eenhoorn besonderer Dank.

Im Zuge der Arbeit war *Eskimo* Turbulenzen ausgesetzt, wie in den Jahrzehnten vorher nicht. Der Produktionsstandort konnte in Österreich nicht mehr gehalten werden. Das Erscheinungsbild der Marke wurde weltweit gerelauncht, was einen neuen Auftritt der Marke *Eskimo* in Österreich zur Folge hatte.

Die Marke Eskimo

Die Marke *Eskimo*, die als Dachmarke auf festen Fundamenten steht, macht den spannenden Inhalt des vorliegenden Buches aus.

Dr. Günter Schweiger
Professor für Werbewissenschaft und
Marktforschung, Wirtschaftsuniversität Wien,
Präsident der WWG

1. Einleitung

Marken und Markenartikel prägen unser tägliches Leben. Sie sind nicht nur Gegenstand der Markentheorie, sondern eine „Marke" ist auch etwas Lebendiges. „Man wird niemals fehlgehen, wenn man Marken mit Pflanzen oder sogar Menschen vergleicht. Der Gärtner muß sich stets an die Wachstumsbedingungen halten, die nun einmal von der Natur vorgezeichnet sind. Er kann beschneiden, den Boden bereiten, Unkraut entfernen und mit vorsichtiger Hand das Wachstum in die richtigen Bahnen leiten." *(Domizlaff 1939; S. 159)* Dieser Vergleich macht deutlich, daß in sehr vielen Bereichen etwas getan werden muß, damit der „Samen" Marke sprießt und in weiterer Folge auch wächst und gedeiht. Der Vergleich macht ebenfalls deutlich, daß sehr viel von äußeren, gegebenen, unsteuerbaren Faktoren abhängt. Nur das Zusammenspiel von günstigen, unternehmensunabhängigen Voraussetzungen und konsequenter, harter Arbeit der Markenverantwortlichen vermag eine starke Marke hervorzubringen.

Eskimo hat sich und wurde zu so einer starken Marke entwickelt: Eis wird in Österreich mit *Eskimo* assoziiert. Ziel dieser Arbeit ist es, herauszufinden, wovon der Erfolg der Marke abhängt und welche Maßnahmen unternommen werden, um diesen Erfolg auch für die Zukunft zu gewährleisten. Im Rahmen dieser Ausführungen wird auf die historische Entwicklung der Marke *Eskimo* eingegangen. Dabei hat es sich immer wieder als wichtig erwiesen, daß *Eskimo* eine Dachmarke ist. Die Wechselwirkung zwischen Dachmarke und den dazugehörigen Einzelmarken ist das zentrale Element des Bestehens der Marke *Eskimo*.

Eine Einschränkung, die bis vor kurzem die Internationalität von *Eskimo* und den anderen Eiscrememarken der *Unilever* hemmte, ist 1998 mit der Vereinheitlichung des Logos weggefallen. Jedermanns Lieblingseis ist nun rund um die Welt sofort erkennbar geworden. Diese wichtige, erfolgreiche Neuerung, die sehr sorgfältig überlegt und geplant werden mußte, wird in diesem Buch ebenfalls ausführlich behandelt.

Wie bei allen lebenden bzw. werdenden Organismen, gibt es für das Großwerden der Marke *Eskimo* keine richtige und wahre Lösung, kein Patentrezept. Nicht nur jedes Unternehmen, jede Institution, sondern auch jeder einzelne Mitarbeiter hat eine unterschiedliche Ansicht, wie Erfolg am besten herbeizuführen wäre. Daher kann diese Arbeit keinen Anspruch auf Allgemeingültigkeit erheben, sondern zeigt den von den Mitarbeitern des Unternehmens *Eskimo-Iglo* getragenen Konsens, wie die Marke *Eskimo* zum Erfolg geführt wurde und weiterhin geführt werden soll. Diesen „Weg" habe ich im Zuge zahlreicher Gespräche mit diesen Markenverantwortlichen herausgefiltert. Sie kennen die Marke *Eskimo* wirklich, haben sie doch mit ihr und für sie gearbeitet und sie zu ihrer heutigen Stellung geführt. Sie haben das Skelett der Theorie, das ich mir im Laufe meines Studiums angeeignet habe, mit Praxis, den Muskeln und Sehnen, angereichert und so das Kapitel Marke mit Leben erfüllt.

Mag. Catarina Kossuth-Wolkenstein

2. Begriffsabgrenzung

Was sind Marken, wozu brauchen wir sie, und woher kommt das Wort „Marke"?

Das Wort „Marke" ist aus dem Französischen entlehnt: „Marque" ist ein Begriff aus der Sprache der Kaufleute und bedeutet „ein auf einer Ware angebrachtes Zeichen oder Kennzeichen". Dieses französische Hauptwort wurde aus dem Verb „marquer" herausgebildet, das soviel wie „kennzeichnen, bezeichnen, merken" bedeutet. Ursprung dieser französischen Wörter ist das mittelhochdeutsche Wort „marc" – „Grenze".

„Marke" bedeutet – von der Sprachgeschichte her betrachtet – also zunächst nicht viel mehr als „Zeichen". Zeichen dienen der Kommunikation, der Übermittlung von bestimmten Botschaften (man denke nur an den komplexen Straßenverkehr, der ausschließlich durch einfache Zeichen geregelt ist). Zielsetzung ist, mit jedem Zeichen (auch den Verkehrszeichen) möglichst vielschichtige Botschaften möglichst einfach zu verpacken. So bedeutet das bildlich sehr einfach gestaltete Dreieck mit zwei Kindern in etwa: „Hier ist ein Schulweg, bei dem sich verstärkt Kinder aufhalten können. Fahrer müssen daher langsam fahren und genau schauen, ob sich Kinder in der Nähe aufhalten, um gegebenenfalls rechtzeitig bremsen zu können." Damit ein Zeichen seine Botschaft übermitteln kann, muß es sich von anderen Zeichen unterscheiden. Es muß abgrenzbar sein.

Marken sind Zeichen, die auf Produkte wie Eis, Computer, Betriebsberatung oder Theateraufführungen angewendet werden. Marken dienen dazu, das Produkt gegenüber Produkten von Konkurrenzanbietern abzugrenzen. Außerdem – ein wesentlicher Unterschied zum einfachen Zeichen – läßt eine Marke auch erkennen, wer das Produkt anbietet. Marken schaffen eine gewisse Vertrautheit inmitten der Anonymität zum Beispiel des Supermarktangebots.

Betrachten wir einen typischen Supermarkt: Da gibt es nicht einfach Orangensaft. Es gibt eine Vielzahl verschiedener Orangensäfte, die sich durch Qualitäts- und Verarbeitungsunterschiede differenzieren. Wir kennen sie alle: *Bravo, Pago, Cappy, Hohes C, Happy Day* – alles Marken. Und obwohl ganz klar ist, daß dies alles Marken sind, so ist es doch schwer, dingfest zu machen, was eine Marke genau ist. Auch in der wissenschaftlichen Literatur zu diesem Thema

Die Marke Eskimo

gibt es keine allgemeingültige Definition einer Marke. Anhand des bereits Gesagten können wir aber einige wichtige Elemente herausarbeiten:

Eine Marke hat einen bestimmten, unverwechselbaren Namen, der zumeist mit einem Zeichen oder Symbol verbunden ist bzw. identifiziert wird. Sie dient der Kennzeichnung von Produkten, seien es Dienstleistungen oder konkrete Sachen. Gleichzeitig dient sie der Abgrenzung gegenüber anderen, ähnlichen Konkurrenzprodukten.

Um beim Orangensaft zu bleiben: Der eine hat nur etwas mehr Zucker, der andere überhaupt keinen, der nächste ist zu 100 % Fruchtsaftkonzentrat, der nächste wiederum nicht, dafür ist er billiger und so weiter. Aufgrund der Marken können wir diese Botschaften auf die Orangensäfte übertragen. Wenn jemand *Happy Day* oder *Cappy* sagt, wissen wir, was für ein Orangensaft in der Packung steckt.

Zusammengefaßt unterscheidet sich eine Marke von irgendeinem Produkt irgendeines (unbekannten) Herstellers – von einem sogenannten „No-name"-Produkt – durch:

- gleichbleibend hohen Qualitätsanspruch;
- eine möglichst weitreichende Präsenz im Handel;
- langjährige, andauernde Arbeit zum Aufbau und Erhalt einer bestimmten, nur der Marke eigenen Botschaft;
- eigenen Namen und Zeichen;
- fast grenzenloses Vertrauen der Anhänger;
- ihre Eigenschaft als Kapital: Die Marke stellt einen (nicht zu unterschätzenden) Wert für das Unternehmen dar (Markenwert).

Die Marke übernimmt als ein Zeichen eine Funktion des Produktes – die Inhaltsaussage. Dabei unterliegt das jeweils spezifische Markenbild einem Spannungsverhältnis zwischen Hersteller, Handel, Käufer und Konkurrenz. Abgesehen von der „Symbolfunktion der Marke", einer Basisfunktion, lassen sich folgende Teilfunktionen beschreiben:

- käuferbezogene Markenfunktionen;
- herstellerbezogene Markenfunktionen;
- händlerbezogene Markenfunktionen.

Für *Konsumenten* erfüllen Marken eine Vielzahl von Funktionen:

Sie bieten eine Orientierungshilfe. Durch sie verschafft sich der Konsument Markttransparenz über die angebotene Waren- und Produktvielfalt. Marken die-

Begriffsabgrenzung

nen der Heraushebung des Produktes aus einem breiten Angebot von gleichartigen Waren. Der Konsument steht nicht mehr vor einem Regal mit lauter gleichen Waren, denn diese unterscheiden sich jetzt klar von den Konkurrenzprodukten.

Marken machen ein Produkt für den Konsumenten wiedererkennbar; das Identifizieren des gesuchten Produktes wird erleichtert und die Suche nach dem „richtigen" Produkt wird durch das Entdecken des gesuchten Produktes beschleunigt. Dadurch gewinnt man beim Einkaufen Zeit.

Die Ware bekommt durch die Marke Züge einer Persönlichkeit. Botschaften über das Produkt werden durch die Marke ausgesandt, die so verbale Kommunikation ersetzt. Anstelle eines Vertreters, der die Ware anpreist, steht die Marke mit ihrer Botschaft. Eine weitreichende und kostenspielige Informationssuche und -verarbeitung entfällt (man stelle sich nur vor, daß man zu jedem Produkt ein Gespräch mit einem Vertreter führen würde). Marken bieten somit Entscheidungshilfen beim Einkauf. Das ist vor allem seit dem Siegeszug der Selbstbedienungsläden notwendig geworden.

Markenartikel setzen sich leichter im Handel durch, wodurch üblicherweise eine breite Distribution gewährleistet ist. Für den Konsumenten bedeutet das eine erleichterte Erlangung der gewünschten Güter und somit kein Bestellen der Güter mit den damit verbundenen Wartezeiten. Bedürfnisse können sofort befriedigt werden.

Marken reduzieren das Wahlrisiko, sie lindern die Qual der Wahl. Konsumenten wollen einem Produkt vertrauen können. Konsumenten verlangen von einer Marke sehr viel. Sie sind allerdings auch bereit, eine Marke, die ihren Vorstellungen entspricht, verstärkt und dauerhaft zu wählen und mehr dafür zu bezahlen.

Dabei spielt natürlich die Macht der Gewohnheit eine Rolle: Der Mensch ist ein Gewohnheitstier. Eine Marke, die er über lange Zeiträume ungewandelt erlebt, kommt ihm darin sehr entgegen. Jede Marke muß einmal neu gewesen sein, unvertraut und ungewohnt, doch sie gesellt sich unwillkürlich zu den Lebensgewohnheiten und gibt Sicherheit.

Marken vermitteln das Gefühl, eine individuelle Wahl getroffen zu haben. Gute Marken entfalten eine ganz besondere Faszination, sie stehen für Werte, die unsere Kultur insgesamt als wünschenswert betrachtet, wie z. B. Jugend, Natur, Schönheit, Lebensfreude, Fürsorglichkeit, Genuß, Luxus, Verwöhnung, Gesundheit. Sie erfüllen somit für den Verbraucher eine emotionale Funktion. Auf einem sozialen Niveau erlauben Marken dem Käufer sein Selbst auszudrücken, denn der Käufer identifiziert sich mit der Marke – seiner Marke.

Die Marke Eskimo

Für den *Hersteller* erfüllen Marken folgende Funktionen:

Die Marke dient als Informationsmittel und übernimmt die Kommunikation und den Kontakt zwischen Hersteller und Konsument.

Starke Markenartikel können aufgrund verstärkter Nachfrage einen „Nachfragesog" im Handel auslösen. Der Hersteller befindet sich dann mit einem Markenartikel bei der Zusammenarbeit mit dem Handel in einer besseren Verhandlungsposition, weil der Handel es sich größtenteils nicht leisten wird können, den nachgefragten Artikel nicht im Sortiment zu führen. Wird eine Marke mit hohem Marktanteil von einem Händler ausgelistet, so würde das nicht nur zu Umsatzeinbußen führen, sondern auch den Eindruck der Inkompetenz bei der Erstellung des Sortiments hinterlassen. Andererseits stellt ein Nachfragesog bei Handelsunternehmen eine große Gewinnspanne in Aussicht.

Die Marke und ihr Image tragen zur Konkurrenzdifferenzierung bei. Marken sollen Kunden binden, damit sie immer wieder dieselbe Marke kaufen; Marken bieten im Falle einer Ausweitung der Marke auf weitere Produkte dann Startvorteile. Die Identifizierung der Ware durch die Marke und damit die Unterscheidung von anderen Waren spielt für den Hersteller eine wesentliche Rolle.

Es ist das Anliegen eines Herstellers, daß der Einkauf seines Markenartikels ein risikoloser Einkauf ist. Daher drückt die Marke ein Bekenntnis des Herstellers zu seinem Produkt aus und soll so Vertrauen in die Qualität bilden. Mittels gleicher Verpackung und Werbung möchte der Hersteller auf Qualitätskonstanz hinweisen und das Vertrauen bestärken.

Für den *Handel* sehen die Funktionen von Marken folgendermaßen aus:

Der Handel braucht den Markenartikel, denn der Markenartikel hat eine Leitfunktion und prägt den Markt. Die Markenbekanntheit führt im Verbund mit den Maßnahmen des Herstellers (z. B. Werbung) zu einem Nachfragesog. Der Händler wird von eigenen absatzgerichteten Maßnahmen entlastet. Nur geringe Werbemaßnahmen von seiner Seite sind erforderlich.

Klare Vorstellungen der Konsumenten von Preis und Qualität einer Markenware führen zu einer hohen Selbstverkäuflichkeit der Produkte, das Absatzrisiko wird vermindert, das Verkaufspersonal wird weniger in Anspruch genommen.

Werden neue, unbekannte Produkte eingeführt, ist das mit einem hohen Akzeptanzrisiko verbunden. Der sog. Irradiationseffekt (das heißt die Ausweitungsmöglichkeit von einem Produktbereich auf einen anderen) einer bekannten Marke reduziert das Risiko.

Begriffsabgrenzung

Will man eine Marke ausführlich charakterisieren, muß sie hinsichtlich vieler Abgrenzungskriterien beschrieben werden, wie im folgenden Markenidentifikationsraster ersichtlich ist.

Produktmarke			Dienstleistungsmarke		
Herstellermarke			Handelsmarke		
Individualmarke			Kollektivmarke/Gemeinschaftsmarke		
Eigenmarke		Fremdmarke	Lizenzmarke		
Monomarke/ Einzelmarke		**Sortimentsmarke/Produktgruppenmarke/Markenfamilie**	Globalmarke		
A-Marke/ Erstmarke/Stammarke		B-Marke/ Zweitmarke	C-Marke/ Drittmarke		
Firmenmarke			**Phantasiemarke**		
Wortmarke		Bildmarke	**Wort-Bild-Marke**	Buchstaben/Zahlenm.	
Lokale Marke	regionale	überregionale	**nationale**	internationale	globale
Dachmarke			Submarke		

Die auf die Marke *Eskimo* zutreffenden Kriterien sind fett gedruckt und sollen im folgenden erläutert werden:

Das erste Unterscheidungskriterium heißt **Produktmarke**/Dienstleistungsmarke. Im Gegensatz zu Dienstleistungsmarken, für die als klassische Beispiele Markennamen von Versicherungen und Banken genannt werden können, ist die Marke *Eskimo* eine Produktmarke: sie bezieht sich auf ein konkretes Produkt, nämlich Eis.

Die Einteilung in **Hersteller-** und Handelsmarken zielt auf den Produzenten ab. Bei Herstellermarken tritt der Produzent des Markenproduktes dem Konsumenten gegenüber als Produktverantwortlicher auf und wird somit, wie das bei *Eskimo* der Fall ist, als Absender der Markenbotschaft erkennbar: Wenn ich ein *Eskimo*-Eis esse, dann weiß ich, daß es die Firma *Eskimo* erzeugt hat. Bei Handelsmarken handelt es sich hingegen um Produkte, für deren Qualitätsniveau nicht ein Hersteller, sondern ein Handelsbetrieb steht. Beispiele wären die *Spar*- oder die *Meinl*-Eigenmarke. Gäbe es ein *Spar*-Eis, so wüßte der Konsument nicht, wer es erzeugt hat. Er kann sich nur auf die Qualitätsgarantie von *Spar* verlassen, nicht aber auf die des Herstellers. In den meisten hochentwickelten Ländern nehmen Herstellermarken eine dominante Stellung ein.

Nach der Anzahl der Markeninhaber werden **Individualmarken** und Kollektiv- bzw. Gemeinschaftsmarken unterschieden. Man spricht von einer Individualmarke, die Marke *Eskimo* ist eine solche, wenn die Eigentumsrechte an der Marke ausschließlich bei einem einzelnen Unternehmen liegen, während bei einer Kollektivmarke mehrere Unternehmen Markenrechte besitzen und als Markeneigentümer auftreten können. Ein Beispiel für eine Gemeinschaftsmarke ist: *Wiener Wein – Vienna Classic*.

Trifft man eine Abgrenzung nach den Eigentumsverhältnissen, können **Eigenmarken** von Fremdmarken unterschieden werden. Bei Eigenmarken besitzt der Produzent die Rechte an der Marke – sie gehört ihm. Bei Fremdmarken produziert ein Unternehmen Waren für ein anderes Unternehmen, welches im Besitz der Markenrechte ist. Ein Beispiel wäre *Quality Line* Ketchup. *Quality Line* ist kein Produzent, sondern läßt für seine Marke produzieren. Bei Lizenzmarken hingegen zahlt ein Unternehmen für die Verwendung einer gewissen (meist bekannten) Marke (z. B. *Adidas Parfum*).

Hinsichtlich der Zahl und Breite markierter Güter spricht man von Einzel- bzw. Monomarken, **Sortimentsmarken bzw. Produktgruppenmarken oder Markenfamilien** und Globalmarken (nicht zu verwechseln mit globalen Marken). Von Einzelmarken spricht man, wenn es pro Produkt bzw. Produktversprechen eine Marke gibt. Ein Beispiel wäre *Ferrero* mit so unterschiedlichen Marken wie *Mon Chéri* (Praline) oder *Nutella* (Brotaufstrich). Die Monomarkenstrategie bietet sich vor allem dann an, wenn Unternehmen heterogene Produkte anbieten bzw. solche, die verschiedene Zielgruppen ansprechen sollen (*Mon Chéri* spricht eher „erwachsene Genießer" an, *Nutella* die „naschende Jugend"). Hiermit wird nämlich der höchste Individualisierungsgrad der Marke erreicht – für jede Marke kann eine unverwechselbare Markenpersönlichkeit aufgebaut werden. Der Nachteil dieses Markentyps besteht allerdings darin, daß ein einziges Produkt auch alle Markenaufwendungen (v. a. Werbungskosten) tragen muß.

Das andere Extrem neben der Monomarke stellt die Globalmarke dar. Globalmarken fassen alle Produkte eines Unternehmens unter einer einheitlichen

Begriffsabgrenzung

Marke zusammen. Globalmarkenstrategien werden vor allem dann gewählt, wenn der Umfang des Programms zu groß ist für eine sinnvolle bzw. ökonomische Einzelmarkenstrategie oder sich Zielgruppen bzw. Positionierung der Programmteile nicht wesentlich voneinander unterscheiden.

Eine Position zwischen den beiden Extrempunkten Monomarke und Globalmarke nehmen die Sortimentsmarken ein. Sie werden für Produktvarianten genutzt, das heißt, daß für eine bestimmte Produktgruppe oder -linie eine einheitliche Marke gewählt wird. Innerhalb eines Unternehmens werden zwar mehrere Produkte unter einer Marke geführt, gleichzeitig aber im gleichen Unternehmen mehrere Marken nebeneinander im Markt bearbeitet; unter einem „Unternehmensdach" werden mehrere Dachmarken geführt. *Eskimo* ist so eine Marke „dazwischen", denn im Unternehmen *Eskimo-Iglo* gibt es außer der Marke *Eskimo* für Eis noch die Marke *Iglo* für Tiefkühlkost.

Unterscheidet man nach dem Teil des Marktes, in dem die Marke eingesetzt wird, so lassen sich **Erstmarken (oder A-Marken),** Zweitmarken (oder B-Marken) und Drittmarken (oder C-Marken) unterscheiden. Die Marke *Eskimo* wird zum Feld der Erstmarken gezählt, da sie als Stammarke des Unternehmens den Ausgangspunkt für die Markterschließung bildet. Der Begriff Zweitmarke trifft auf Marken zu, die neben der Erstmarke eingesetzt werden, um Kundensegmente anzusprechen, die mit dieser nicht erreicht werden. Drittmarken können auch als Dauerniedrigpreismarken bezeichnet werden, denn sie werden meist über einen längeren Zeitraum am Markt extrem preisaggressiv positioniert.

Wird nach dem Bezug zum Markeninhaber abgegrenzt, findet sich die Unterscheidung zwischen Firmen- und **Phantasiemarken.** Bei einer Firmenmarke besteht ein konkreter Hinweis auf den Markeneigner bzw. Hersteller (z. B. die Marke *Meinl*, die sich von der Eigentümer-Familie herleitet), während Phantasiemarken frei erfundene Markennamen haben, wo der konkrete Bezug zum verantwortlichen Unternehmen fehlt. *Eskimo* ist eine Phantasiemarke, denn es gab nie einen „Herrn *Eskimo*".

Nach der Art der Markierung werden Wortmarken, Bildmarken, eine Kombination aus beiden, sog. **Wort-Bild-Marken,** und als Teilmenge der Wortmarken, Buchstaben- und Zahlenmarken unterschieden. Wortmarken beschränken sich auf die sprachliche Wiedergabe, das Wort (z. B. *Siemens*), obwohl meistens ein eigener Schriftzug für ein Unternehmen charakteristisch ist, womit ein Schritt in Richtung Bildmarke gesetzt wird. Bildmarken stellen das Profil einer Marke nur visuell dar (z. B. der *Mercedes*-Stern) und müssen als Kommunikationsmittel erst in Sprache umgebildet werden (wenn ich den *Mercedes*-Stern sehe, muß ich das Bild „Stern" in den Markennamen *Mercedes* umformen). Viele Marken, wie auch die Marke *Eskimo*, stellen eine Kombination aus beiden dar, haben also sowohl einen charakteristischen Schriftzug als auch eine bildliche Darstellung.

Bei einer Abgrenzung nach der Verteilung kann man lokale, regionale, überregionale, **nationale, internationale und globale** (auch Weltmarken) Marken unterscheiden. *Unilever* vertreibt ihr Eis unter national verschiedenen Markennamen, dennoch kann das europaweit bzw. weltweit einheitliche Erscheinungsbild des Logos als international bezeichnet werden. Überschreiten Marken in ihrer Verbreitung die Ländergrenzen, kann man von internationalen, wenn nicht sogar globalen Marken sprechen. *(Für eine eingehendere Diskussion siehe Kapitel 4.3.: Eskimo – Der Markenname und das Logo, Seite 32 ff.)*

Die Begriffe Dachmarke/Submarke bezeichnen den Status innerhalb der Markenhierarchie. Übergeordnete, umfassende Marken werden als **Dachmarken** und untergeordnete Marken innerhalb einer Markenhierarchie als Submarken oder Untermarken bezeichnet. Die Dachmarke soll Zugehörigkeit zu einem Hersteller, einem Image signalisieren, die Untermarke hingegen individualisieren. *Eskimo* stellt die Dachmarke dar, die generell für Eis und damit verbundene Stimmungen und Gefühle steht. Die Marken, die unter ihr stehen, wie etwa *Jolly, Twinni, Cornetto* oder *Magnum,* werden als Submarken bezeichnet, die die Dachmarke für ihren Bereich genauer definieren.

Firmenintern wird die Dachmarke *Eskimo* auch „housebrand" oder „Hausmarke" benannt und die dazugehörigen Submarken als „Einzelmarken" oder auch „subbrands". In dieser Arbeit werden die Begriffe Dachmarke und Einzelmarke verwendet.

Markenimage
Von Markenartikeln wird in der Literatur nur dann gesprochen, wenn sie folgende wichtige Eigenschaften erfüllen: gleichbleibende oder jeweils verbesserte Qualität, weitreichende Akzeptanz und Bekanntheit bei der Bevölkerung (Verkehrsgeltung) sowie spezifisches Image.
In ihrem Kern ist die Marke eine Mischung verschiedener Faktoren, die sich ergänzen: Da spielen sowohl physische, tatsächliche Gegebenheiten eine Rolle als auch rationale und emotionale Komponenten. Diese Mischung aus Realität, Herz und Hirn soll sich klar von der Konkurrenz abheben und zu einer eigenständigen, profilierten Persönlichkeit – dem Markenimage – führen. Das Image soll dem Konsumenten auch die wertvollen Vorteile der Marke direkt vor Augen führen können.
In den Köpfen der Konsumenten wird durch die Marke ein Bild vom Produkt geschaffen, das eine direkte, positive Aufforderung für konkretes Handeln besitzt. Mit zunehmend stagnierenden Märkten und immer gleichartiger werdenden Produktangeboten ist die Marke und ihr Verbraucherimage oftmals das wesentliche, wenn nicht einzige Differenzierungskriterium und daher entscheidend für Erfolg und Marktposition.
Wir unterscheiden grundsätzlich Produkte und Marken. Ein Produkt steht dafür, was Dinge für den Konsumenten tun können. Produkte befriedigen direkt ein Bedürfnis, sie sind die Inhalte einer Marke. Die Marke ist die Hülle um das Produkt, die Verpackung. Sie steht dafür, was Dinge für den Konsumenten bedeuten. Zur Befriedigung aus dem Konsum des Produktes liefert die Marke ein besonderes Erlebnis und eine besondere Wahrnehmung als Mehrwert hinzu, die durch den Konsum allein nicht vorhanden gewesen

Die Marke Eskimo

wären. Eine Marke stellt eine eigene Wertewelt dar, welche durch alle Ebenen und Äußerungsformen dieser Marke transportiert wird, sei es Werbung, Verpackung, Logo, Produkte, Distribution, Preis oder auch das Wissen um die Marke und deren Geschichte. Weiters muß eine Marke die zentralen Werte unserer Gesellschaft, zum Beispiel Leistung, Innovation und Individualität, demonstrieren. (Auf all diese Punkte wird im Laufe des Buches eingegangen.) Eine bestimmte Hose dient dann zum Beispiel nicht mehr nur als Kleidungsstück, sondern verkörpert eine gewisse freie, lockere, junge Art zu leben, sie steht für Innovation und Individualität im Wissen, daß die gleichen Hosen die Geschichte eines Landes geprägt haben.

Eine Marke dient der Heraushebung des Produktes aus einem breiten Angebot von gleichartigen Waren. Entscheidend für das Entstehen und Bestehen einer Marke ist, daß sie sich als Merkzeichen für ein Produkt durchsetzt, daß sie ein Produkt im Markt tatsächlich repräsentiert und daß sie im täglichen Leben, beim (regelmäßigen) Einkauf erkannt und anerkannt wird. Sie muß einprägsam sein, um die erwünschten günstigen Assoziationen zum Produkt zu fördern.

Wie sieht nun der Assoziationsumkreis von *Eskimo* aus? Woran denken die Österreicher, wenn sie an *Eskimo* denken? Laut einer Studie über Einstellungen zu Eis und zu der Marke *Eskimo*, die 1994 vom Institut für Motivforschung *(IFM 1994)* durchgeführt wurde, ist das visuelle Zeichen, das als erstes zu *Eskimo* einfällt, die Eistafel mit dem Logo. Für die meisten Befragten ist *Eskimo* eine außerordentlich vertraute Marke, eine Marke, die sie von früh auf kennen. *Eskimo* bietet immer eine hohe und vertrauenswürdige Qualität. Man traut *Eskimo* zu, daß beste Zutaten verwendet werden, die sicher und sorgfältig verarbeitet werden.

Eskimo wird als eine Marke der Heimat und der Nähe betrachtet, sie ist mit Familie, Sympathie und Fröhlichkeit verknüpft, mit einer hellen, lustigen Welt, die meist kindliche oder junge Züge enthält.

Die Gefühlswelt, in der sich die Kommunikation zu bewegen hat, ist Harmonie, liebenswert Berührendes, Sicherheit und Vertrauen, etwas Verläßliches, Vergangenheit und Erinnerung („best things in life never change"), gekoppelt mit Sommer, Sonne, Urlaub und Wärme.

3. Eskimo – Eine Unilever-Marke

Der Klang des Namens „Eskimo" verbindet sich wahrscheinlich bei jedem von uns primär mit der Vorstellung von den Eiswüsten des hohen Nordens, mit arktischen Temperaturen und in Pelze gekleideten Menschen. Nun haben wir aber über diese Begriffe hinaus einiges gelernt und verbinden die Bezeichnung „Eskimo" längst mit dem bekannten Markennamen für ein breites Sortiment an Speiseeis.

Abb. 1: Die ursprüngliche Symbolik des Markennamens

Der Markenname *Eskimo* gibt uns noch keinen Einblick in die Unternehmensstruktur, die hinter dieser Marke steht, deshalb soll im folgenden ein kurzer Überblick über diese gegeben werden.

Die Unternehmensgruppe *Eskimo-Iglo/Austria Frost* ist der führende österreichische Spezialist im Tiefkühlbereich, wobei *Austria Frost* als Produzent und *Eskimo-Iglo* als Handelsgesellschaft auftreten. *Eskimo* ist der Markenname für

Die Marke Eskimo

Speiseeis und *Iglo* der Markenname für Tiefkühlkost. Beide Unternehmen sind Teil der Österreichischen *Unilever Ges.m.b.H.*, die wiederum zum internationalen Konzern *Unilever* gehört.

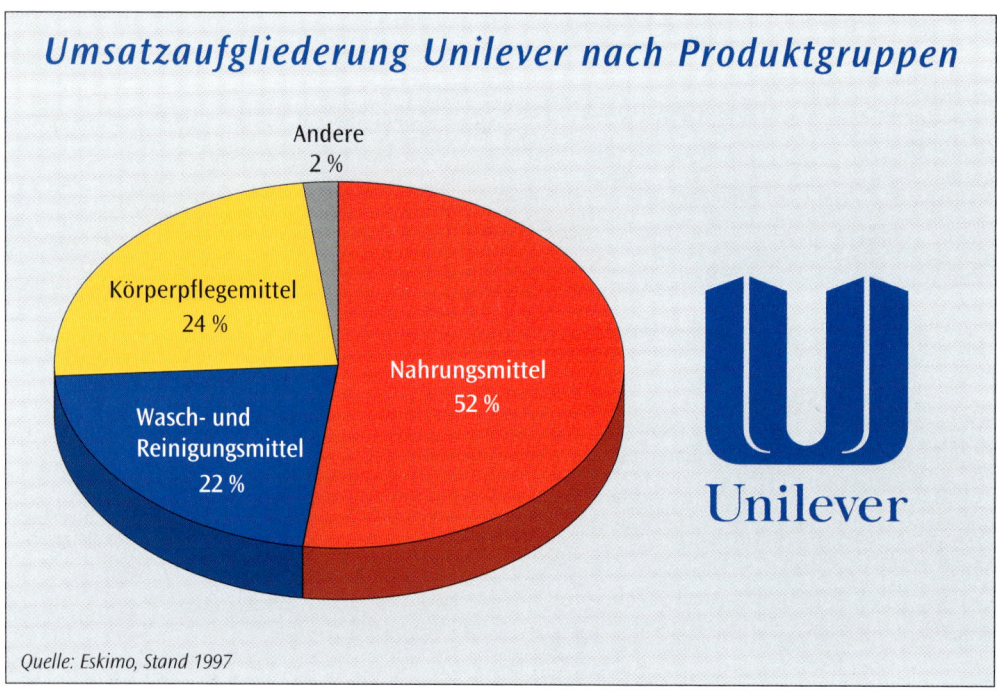

Abb. 2: Umsatzaufgliederung Unilever nach Produktgruppen

Unilever, weltweit einer der größten Konzerne im Markenartikelbereich, ist vor mehr als 60 Jahren durch den Zusammenschluß des britischen Seifenherstellers *Lever Brothers* mit der niederländischen *Margarine Unie* entstanden.
Der Kernbereich des *Unilever*-Geschäftes besteht aus der Produktion und Vermarktung von Markenartikeln des täglichen Bedarfs – die Hälfte des Umsatzes entfällt auf den Nahrungsmittelbereich.

4. Eskimo – Historische Entwicklung, die Schöpfung der Marke

4.1. Das Produkt Speiseeis – Es begann mit dem Gipfelschnee

Eis gehört schon seit Jahrtausenden zu den begehrtesten Genüssen der Menschheit. Genaue Zeitangaben für den Beginn der Herstellung von Eis gibt es nicht.

Die „Erfindung" des Speiseeises wird den Chinesen um 3.000 v. Chr. zugeschrieben, wenngleich die Eisspeisen aus der damaligen Zeit dem, was wir heute unter Speiseeis verstehen, bestimmt nicht mehr gleichen. Es wurden wahrscheinlich Schnee- oder Eisstückchen mit Honig gesüßt und mit Fruchtstückchen, Säften oder Gewürzen versehen.

Das erste historische Dokument über Speiseeis stammt vom griechischen Dichter Simonides von Keos. Im Jahr 527 v. Chr. widmete der damals 29jährige ein Gedicht einem üppigen Gastmahl, bei dem Speiseeis serviert wurde. Er berichtete, daß man die wesentlichste Zutat dieser Köstlichkeit von den schneebedeckten Gipfeln der griechischen Berge gewann, in diesem Fall sogar vom Olymp; Eis – im wahrsten Sinne des Wortes – eine Götterspeise.

Hippokrates (469–377 v. Chr.), Urvater aller Ärzte, setzte Eis als therapeutisches Mittel ein, da es die „Säfte belebe und das Wohlbefinden hebe".

Das Militär hatte ebenfalls eine große Vorliebe für gesüßten Gipfelschnee. Alexander der Große soll seine Krieger bei seinen Kriegszügen und Belagerungen damit motiviert haben. So konnten seine Soldaten die langen Wartezeiten der Belagerungen leichter überstehen. Noch war aber zur Herstellung von Eis echter Schnee nötig.

Im antiken Rom legte man im Winter in holzverkleideten Erdgruben Schneevorräte aus den nahegelegenen Albaner Bergen an. Waren die Schneevorräte aufgebraucht, wurde Natureis durch Staffettenläufer von den 400 km entfernten Apenninengipfeln herangeschafft. Schnee und Eis wurden mit Rosenwasser, Veilchen, Honig, Zimt, Koriander und allerlei Früchten vermischt und bei den üppigen Gelagen der römischen Kaiser serviert.

Populär – wenn auch nur in wohlhabenden Kreisen – wurde Speiseeis ab dem 16. Jahrhundert. Katharina von Medici, die Gemahlin Heinrichs II., des späteren Königs von Frankreich, brachte anläßlich ihrer Heirat 1533 einen Mann namens Buentalenti, einen „Gelaterie", an den französischen Hof. Als sie 1589 70jährig in Paris starb, hatte sich das Speiseeis im Pariser Palais Royal etabliert. Der Genuß von Speiseeis fand dann an allen Fürstenhöfen Europas Eingang. Es war somit noch ein Privileg des Adels.

Viele berühmte Staatsmänner, wie z. B. Bismarck oder Napoleon, haben sich als wahre Eisfans erklärt. So war der damals noch unbekannte Leutnant Bonaparte Stammgast in einem Pariser Eispalast, dessen Speisekarte bereits im Jahre 1782 nicht weniger als 80 Eisspezialitäten umfaßte.

Die eisbegeisterten Präsidenten Washington und Madison dürften dazu beigetragen haben, daß die USA später zum klassischen „Ice-Cream-Land" wurden. Die erste Speiseeisfabrik wurde 1851 von Jacob Fussel in Baltimore (USA) errichtet. 1922 hatte der Amerikaner C. K. Nelson den Einfall, Speiseeis mit einem Schokoladeüberzug zu versehen. Der erste Eislutscher am Stiel wurde von Harry Bust in Ohio erfunden, und 1923 erhielt er dafür ein Patent. Kein Wunder also, daß noch heute die USA beim Eisverbrauch weltweit führend sind.

4.2. Die Marke Eskimo

Etwa zur gleichen Zeit – im ersten Viertel des 20. Jahrhunderts – wurde der Grundstein für die österreichische Speiseeisherstellung im industriellen Stil gelegt. Der Anstoß dazu kam von Karola Hehle, der Tochter des damaligen Direktors der *Wiener Milchindustrie AG (MIAG)*, die bei einem Aufenthalt in England praktische Erfahrungen in der dortigen Eiscremeindustrie gesammelt hatte. Nach ihrer Rückkehr wurde in Wien im Rahmen der *MIAG* eine Produktion mit einer Tageskapazität von fast 2.000 Litern Eiscreme eingerichtet.
Das Eis kam unter dem Markennamen *Eskimo* in den Handel. Damit begann der Siegeszug dieser bis heute beliebten Marke.

Eskimo – Historische Entwicklung, die Schöpfung der Marke

Abb. 3: Premiere für Eskimo im Jahre 1927 (im Hof der MIAG, Lechnerstraße)

Abb. 4: Preistafel mit Eskimo-Eislutscher

Das Eis wurde über Milchgeschäfte verkauft. Angeboten wurde damals Eis im Becher *(Eskimo-Becher)* und Eis in 5-Liter-„Büchsen". In den Milchtrinkhallen, die es damals unter anderem im Prater gab, wurden daraus einzelne Portionen Eis angerichtet. 1927 wurde auch in Wien erstmals ein Eis am Stiel produziert, ein *Eskimo*-Eislutscher.

Der Weg vom *Eskimo*-Eislutscher der Wiener Milchindustrie AG bis zum heutigen *Eskimo*-Eis war aber weit. Man wird sehen, daß dabei auch das Tiefkühlgeschäft eine Rolle spielt.

Während des Krieges wurde nämlich hauptsächlich das Tiefkühlgeschäft weiter ausgebaut, wogegen der Speiseeisproduktion eher geringere Bedeutung zukam. Wichtig ist in diesem Zusammenhang vor al-

Die Marke Eskimo

lem der österreichische Tiefkühlpionier Hans Petter. Er übernahm 1941 die Geschäftsführung der Wiener Niederlassung des Gefrierunternehmens *Andersen & Co.* In der Folge erwarb Hans Petter, der nunmehr seine eigenen Gemüseprodukte unter der Marke *Petter* vertrieb, die Generalvertretung für *Findus* (Fischimporte). Er entwickelte das Tiefkühlgeschäft in Österreich ständig weiter, wobei er mit der *MIAG* und ihrem *Eskimo*-Eisgeschäft eng kooperierte.

1942 begann die Firma *Johann Pankhofer*, die 1933 die erste Eisproduktion in München eröffnet hatte, zusammen mit der *Wiener Molkerei (WIMO)* ebenfalls ein Tiefkühlgeschäft aufzuziehen. Ab 1957 verkaufte die *WIMO* Eis unter dem Markennamen *WIMO* und Tiefkühlkost unter dem Markennamen *Frostpack*. Aufgrund der immer enger werdenden Zusammenarbeit mit Johann Pankhofer wurde Eis nunmehr ab 1960 unter dem Markennamen *Jopa* und Tiefkühlkost unter dem Markennamen *Frostpack* verkauft. *Jopa* als Eismarke, hinter der zwei Unternehmen standen, eine davon eine deutsche Eisfirma der ersten Stunde, war somit die erste und zugleich auch eine ernstzunehmende Konkurrenz für *Eskimo* (noch immer ein Wiener Betrieb).
Der Beginn der 60er Jahre war gekennzeichnet durch rasches Wirtschaftswachstum und stark steigenden Lebensstandard. Dadurch zeichneten sich auch für sogenannte „semi-luxury-products", zu denen unter anderen auch Speiseeis zu zählen war, gute Chancen auf dem österreichischen Markt ab. 1960 begann sich auch *Unilever* Österreich, obwohl es ein Markt mit hohem Risiko war – eine Eisproduktion und eine Tiefkühlkette bergen enorme Kosten in sich (technische Ausstattung, Innovationskosten, ...) –, für das Tiefkühlgeschäft zu interessieren, speziell für Markeneis. *Unilever* hatte international schon große Erfolge damit erzielt, zum Beispiel in England mit *Wall's* und in Deutschland mit *Langnese*. *Unilever* Österreich erkannte das große Potential für einen österreichweiten Markeneismarkt. Eine Marke war auch vorhanden: *Eskimo*. Die *MIAG* war nicht imstande oder willens, den Eisvertrieb national aufzubauen, vor allem da die Speiseeisproduktion nur als Nebenprodukt der Milcherzeugung angesehen wurde, und so verkaufte sie die Marke *Eskimo* an *Unilever* Österreich. Der Wert, mit dem *Eskimo* damals in die Bilanz einging, betrug über eine Million Schilling.

Die Produktion wurde weiterhin von der *MIAG*, die ihren Sitz im dritten Wiener Gemeindebezirk in der Lechnerstraße hatte, durchgeführt; für den Vertrieb sorgte die *Delikat Feinfrost GmbH*, eine *Unilever*-Gesellschaft. Das Sorti-

Eskimo – Historische Entwicklung, die Schöpfung der Marke

ment wurde bereinigt, die Packungen modernisiert und auf internationales Niveau gebracht, wobei man sich stark an Deutschland orientierte. Produkte, die im Ausland großen Anklang gefunden hatten, wurden an Österreich angepaßt und übernommen, sofern Marktforschungsstudien und Produkttests hier einen ähnlichen Erfolg versprachen. So kam zum Beispiel die Idee zum heute noch sehr umsatzstarken Eis *Jolly* aus Italien und Dänemark, das *Cornetto* stammt aus Amerika. Dieses Zusammenspiel von internationalem Know-how, lokaler Kenntnis des Marktes und Verwurzelung im Land war eine Grundvoraussetzung für ein rasches Wachstum der Marke *Eskimo*.

In kurzer Zeit war also aus der Wiener Marke eine österreichweite geworden, die die Unterstützung eines finanzkräftigen, erfahrenen internationalen Konzerns genoß. Hatte es anfänglich so ausgesehen, als hätte *Jopa* die besseren Karten, so schien *Eskimo* jetzt alle Trümpfe in der Hand zu halten.

1962 sollte sich das Blatt jedoch abermals wenden. Einerseits expandierte *Unilever* und stieg ins Tiefkühlgeschäft ein, indem sie die Tiefkühlproduktion von Hans Petter übernahm. Dies unter anderem auch, um die Vertriebskapazitäten, die aufgrund der Saisonabhängigkeit des Eisgeschäfts im Winter brachlagen, auszulasten. Andererseits, aber viel wesentlicher: *Nestlé* erwarb das *Jopa*-Eisgeschäft, später auch noch die Marke *Findus* für Tiefkühlkost. Nunmehr standen sich zwei internationale Giganten im Kampf um die Vorherrschaft auf dem österreichischen Eismarkt gegenüber.

Um im Konkurrenzkampf besser bestehen zu können, wurden 1963 von *Unilever* Überlegungen für eine kombinierte Speiseeis- und Tiefkühlproduktion angestellt. Diese Überlegungen sollten schließlich zum Werk in Groß-Enzersdorf führen, wo sich 2 unterschiedliche Geschäfte durch gemeinsamen Personaleinsatz, tiefgekühlte Lagerung und Distribution vereinigten. 1964 wurde die *Delikat Feinfrost* in die *Iglo Feinfrost GmbH* umbenannt. 1965 wurde das Werk in Groß-Enzersdorf eröffnet. 1967 erhielt die *Iglo Feinfrost GmbH* den heute noch aktuellen Namen *Eskimo-Iglo GmbH*, wobei *Eskimo* der Markenname für Eis war und *Iglo* für Tiefkühlkost verwendet wurde. Die Marke *Petter* wurde zunächst stillgelegt, um 1977 als Zweitmarke für Wirtschaftsware wiederbelebt zu werden.
Der erste Schritt, um den Kampf gegen *Nestlé* zu gewinnen, war mit der Errichtung des Werkes in Groß-Enzersdorf getan. Nun ging es darum, das Ange-

Die Marke Eskimo

Abb. 5: Cornetto-Werbung nach 1966

Eskimo – Historische Entwicklung, die Schöpfung der Marke

bot attraktiver zu gestalten und weitere Kunden zu gewinnen. Ab Inbetriebnahme des neuen Werkes wurden sowohl das Eis als auch das Tiefkühlgeschäft ständig weiterentwickelt. Das Sortiment von *Eskimo*-Eisspezialitäten und das von *Iglo*-Tiefkühlprodukten wurde alljährlich an die Wünsche und Bedürfnisse der Konsumenten angepaßt. Dazu kam eine starke Bewerbung der neuen Produkte an den Verkaufsstellen und in den klassischen Medien (TV, Hörfunk, Plakat).

Kundenakquisition wurde unaufhörlich und beharrlich betrieben, und neue Wege der Kundenbindung wurden geschaffen. So konnten Kunden unter gewissen Voraussetzungen Leihtruhen beziehen. Teilweise wurden Verkostungen durchgeführt.
Ab 1965 begann sich die Konkurrenzsituation wesentlich zu verschärfen. Es entbrannte ein heißer Kampf um die für die Deckung der Distributionskosten notwendige Exklusivität der Kunden. Die Maßnahmen von *Unilever* zeitigten letztendlich Erfolge.

1970 kam es zu einer Fusion der *Unilever*-Tochter *Eskimo-Iglo* und der *Nestlé*-Tochter *Jopa-Findus*. Dies erschien wegen der Kostenintensität einer Tiefkühlkette ratsam. Bei dieser Fusion war *Unilever*, und somit *Eskimo-Iglo*, jedoch eindeutig begünstigt, eine natürliche Folge ihrer hart erkämpften starken Marktposition. So wurden die Marken *Eskimo* und *Iglo* jeweils für Eis und Tiefkühlkost beibehalten, die Marken *Findus* und *Jopa* somit der Vergessenheit ausgeliefert. *Unilever* hielt 75 % der Anteile der *Eskimo-Iglo GmbH*, *Nestlé* 25 %.

In der Folge strukturierte die *Unilever* 1977 die Produktion und den Vertrieb um. Für die Produktion war nun die *Unifrost Nahrungsmittel Ges.m.b.H.* verantwortlich; für den Vertrieb wurde die *Eskimo-Iglo Ges.m.b.H.* eingesetzt. Somit waren Vertrieb und Produktion in 2 verschiedene Gesellschaften aufgeteilt.

Die weitreichendste Änderung der letzten Jahre wurde 1998 durchgeführt: *Eskimo* bekam einen neuen optischen Auftritt: eine neue Bildmarke. Diesem großen, spannenden, aber durchaus nicht risikolosen Schritt ist aufgrund seiner enormen Bedeutung ein eigenes Kapitel gewidmet. Im selben Jahr wurde die Produktionsgesellschaft *Unifrost* in *Austria Frost* umbenannt und die Eisproduktion in Groß-Enzersdorf eingestellt.

4.3. Eskimo – Der Markenname und das Logo

Die Marke (brand) besteht aus den beiden Bauelementen Markenname (brand name) und Markenzeichen (brand mark). Der Name bildet den aussprechbaren, verbal wiedergebbaren und artikulierbaren Teil der Marke, während das Markenzeichen u. a. als ein Symbol, eine Graphik, eine bestimmte Farbe oder Schreibweise das Produkt optisch im Bewußtsein des Kunden verankert. Die Marke dient zur Identifikation eines Produktes und soll eine klare Differenzierung gegenüber Konkurrenzerzeugnissen ermöglichen. Das Produkt soll durch die Markierung erkennbar gemacht werden, sich von vergleichbaren Erzeugnissen abheben und somit aus der Anonymität gelöst werden. Die Markierung dient dazu, das Produkt für den Verbraucher wiederkäuflich zu machen.

Ein Markenname soll kurz und prägnant sein. In der Literatur wird auch vom „KISS principle" gesprochen – „Keep It Short and Simple". Er sollte eng mit dem Produkt assoziiert werden, keine negativen Assoziationen hervorrufen und sich gut von den Konkurrenznamen unterscheiden.

Das Markenzeichen, der erkennbare, jedoch nicht verbal wiedergebbare Teil der Marke, ist der zweite wesentliche Teil der Marke. Ohne signifikante Firmenzeichen können Waren im Markt nur schwer ein eigenständiges Profil entwickeln. Drei Prägnanzbedingungen finden ihre praktische Anwendung bei der Gestaltung von Markenzeichen:

- Einfachheit,
- Einheitlichkeit und
- Kontrast.

Die Kenntnis des Markennamens ist von zentraler Bedeutung, denn die Entscheidung für die eine oder andere Alternative wird vom Konsumenten oft intuitiv gefällt. Marken haben für den Käufer also in erster Linie Orientierungsfunktion. Sie erlauben ihm, sich über die Produkt- und Leistungsvielfalt Transparenz zu verschaffen und Unterschiede rasch zu erkennen.

In der Literatur werden nach der Art der Darstellung verschiedene Typen von Marken unterschieden:
Es gibt Bildmarken, Wortmarken, Buchstabenmarken und Wort-Bild-Marken. *Eskimo* zählt, wie schon anfangs erwähnt, zu letzteren.

Eskimo – Historische Entwicklung, die Schöpfung der Marke

Die Unilever-Firmen sind auf allen europäischen Märkten mit Speiseeisprodukten vertreten. *Eskimo* in Österreich, *Algida* in Italien, *Langnese* in Deutschland, *Eldorado* in der Schweiz, *Ola* in den Niederlanden und in Belgien, *Frigo* in Spanien und *Wall's* in Großbritannien sind nur einige der Markennamen in Europa. Darüber hinaus ist *Unilever* mit Speiseeis-Gesellschaften weltweit vertreten (in Afrika, Australien, im Mittleren und Fernen Osten, in Nordamerika und Südamerika). *(siehe Abb. 6)*

Die Unterschiedlichkeit der Namensgebung ist historisch gewachsen. Zahlreiche Fusionen, bei denen schon gut eingeführte Markennamen nicht aufgegeben werden sollten, haben zu dieser Vielfalt an Markennamen geführt.

Abb. 6: Unilever-Speiseeisgesellschaften

Früher, als Werbemaßnahmen auf das eigene Land beschränkt waren, stellte diese Uneinheitlichkeit kein Problem dar. Mit der rasanten Entwicklung der Massenmedien und dem dadurch entstandenen Medienoverflow wurde diese zunächst unwichtige Tatsache zu einem immer wieder diskutierten Thema. Doch das in den einzelnen Ländern aufgebaute Vertrauen und die positiven Werte, die mit den jeweiligen Marken verbunden werden, machen eine länderübergreifende Vereinheitlichung schwierig. Ein weiterer Punkt, der bei einer Vereinheitlichung ein Problem darstellen könnte, ist die Sprache. Es müßte ein Markenname gewählt werden, der in keinem der Länder und in keiner der jeweiligen Sprachen negative Assoziationen hervorruft. *Unilever* hat natürlich schon 1960 beim Kauf der Marke Überlegungen in Richtung einer länderübergreifenden Vereinheitlichung der Markennamen angestellt. Aufgrund ihrer lokalen Bedeutung entschloß sich *Unilever* jedoch, die jeweiligen nationalen Markennamen beizubehalten.

Die Markise war bislang in vielen Ländern das typische Erkennungsmerkmal der *Unilever*-Eismarken. Heute gibt es europaweit ein einheitliches Zeichen. Die Umstellung erfolgte 1998. Nunmehr unterscheiden sich die *Unilever*-Eiscremeunternehmen nur durch die unterschiedlichen Namen.

Ist *Eskimo* nun eine nationale Marke, eine internationale Marke oder gar eine Weltmarke?
Die Vereinigung Europas wie auch die weltweit zu beobachtende Globalisierung des Marketing führen zur Entstehung von Europa- und Weltmarken. Eine weltweit schutzfähige, mit einer einheitlichen Identität ausgestattete Marke ist das Kernelement einer Weltmarkenstrategie. Einheitliche Euromarken werden vermutlich in den nächsten Jahren stärker an Bedeutung gewinnen, nationale Marken dürften demgegenüber an Bedeutung verlieren. Zunehmen werden, zumindest ansatzweise, Weltmarken.
Die strategische Bedeutung eines internationalen Markenartikels ergibt sich aus der Möglichkeit, Innovationspotentiale international zu nutzen, die für die langfristige Sicherung des Unternehmenserfolges eine wesentliche Voraussetzung bilden.
Nationale und lokale Gegebenheiten einzelner Länder erfordern oftmals jedoch eine spezifische Anpassung des Markenartikels an die individuellen Gegebenheiten, wodurch eine Ambivalenz zwischen der bestehenden Produktions- und Marketingorientierung im Ursprungsland und den Differenzierungserfordernissen der internationalen Absatzmärkte entsteht.
Wie oben bereits erwähnt, besteht eine Marke aus den beiden Elementen Markenname und Markenzeichen. Betrachtet man nur den Markennamen, in diesem Fall *Eskimo,* muß die Marke als nationale Marke bezeichnet werden. Doch

das in Europa einheitliche Markenzeichen gehört auch dazu. Somit können wir von einer internationalen Marke sprechen. Als Weltmarke kann man die Marke *Eskimo* mit ihrem alten Auftritt nicht und mit ihrem neuen Auftritt noch nicht bezeichnen, denn sie hat in jenen Märkten, in denen die Marke nicht selbst vertreten ist oder sein kann, noch nicht eine entsprechend hohe Bekanntheit und Wertschätzung.

In der Literatur werden folgende Strategien im Falle nationaler, auf internationale Märkte ausgedehnte, Markenkonzepte unterschieden:

a) Multinationale Markenstrategie
In jedem Auslandsmarkt wird ein individuelles, auf diesen Markt zugeschnittenes Markenkonzept verfolgt. Es erlaubt Unternehmen eine optimale Anpassung an die länderspezifischen Gegebenheiten im Bereich der Kommunikation, der Preisbildung und der Verteilung sowie ein genaues Eingehen auf die Bedürfnisse der Verbraucher. Dieses Vorgehen ist vor allem dann sinnvoll, wenn Unternehmen Marken erwerben, die sich in bestimmten Auslandsmärkten durchgesetzt haben und gut positioniert sind.

b) Globale Markenstrategie
Unternehmen versuchen ein einheitliches Markenkonzept ohne Rücksicht auf nationale Unterschiede international durchzusetzen. Im Idealfall wird die Marke weltweit mit identischer Markierung, Qualität, Positionierung, Verpackung und übereinstimmender Kommunikations-, Preis- und Distributionspolitik vertrieben. Dadurch lassen sich Know-how und Erfahrungen schneller in alle Länder übertragen. Als nachteilig kann sich jedoch die Vernachlässigung lukrativer nationaler Nischen auswirken.

c) Gemischte Markenstrategie
Die Mehrzahl der Unternehmen verfolgt auf internationalen Märkten die gemischte Strategie. Es herrscht der Grundsatz: soviel Standardisierung wie möglich, aber soviel Differenzierung wie nötig. Auch die *Unilever*-Eiscremeunternehmen verfolgen diese Strategie.

Neuer Auftritt der Marke Eskimo
Heute sind die *Unilever*-Eiscremeunternehmen auf dem besten Weg eine Weltmarke zu schaffen.

Die Marke Eskimo

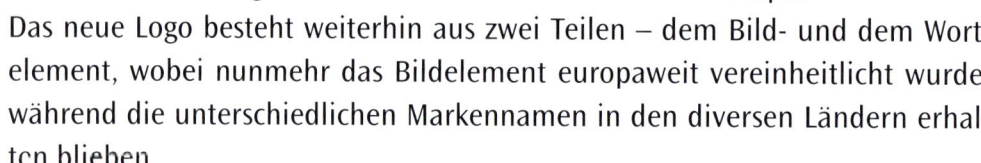

Abb. 7: Eskimo-Werbemittel

Seit 1998 hat *Eskimo* einen gemeinsamen internationalen Auftritt – das heißt ein einheitliches Logo – mit seinen Schwestermarken in Europa.
Das neue Logo besteht weiterhin aus zwei Teilen – dem Bild- und dem Wortelement, wobei nunmehr das Bildelement europaweit vereinheitlicht wurde, während die unterschiedlichen Markennamen in den diversen Ländern erhalten blieben.

Das Bildelement wird als „Happiness Marque" bezeichnet und stellt ein Herz in roter und gelber Farbe dar.
Das neue Logo in Kombination mit der sogenannten „Supergraphic" und „Impact Graphic" bietet besonders attraktive Gestaltungsmöglichkeiten für den POS-Auftritt.
Alles ist konzeptionell bis ins kleinste Detail durchdacht – Farben, Materialien, die Applikation des Logos auf Truhen, Verpackungen, LKWs, POS-Material, Fahnen-Rück- und Vorderseiten. Und all das ist nun einheitlich auf der ganzen Welt.

Auf farbigem Hintergrund – wie etwa am Verpackungsmaterial – werden Logo und Markenname in einem ovalen Emblem dargestellt.

Abb. 8: Eskimo-Logo im Oval

5. Der österreichische Eismarkt

5.1. Gesetzliche Grundlagen

Die gesetzlichen Regelungen reichen von einer Definition dessen, was Speiseeis ist, über hygienische Auflagen bei der Produktion bis hin zu einer Endbesteuerung des Produktes.
Im *Codex Speiseeis (Gefrorenes) B2* finden wir die allgemeinen Richtlinien:
„Speiseeis (Gefrorenes) ist eine Lebensmittelzubereitung, die durch Gefrieren in einen festen oder halbfesten Zustand gebracht wurde und dazu bestimmt ist, in gefrorenem Zustand verzehrt zu werden."

1972 trat in Österreich erstmals die sogenannte *Speiseeisverordnung* in Kraft, mit dem Ziel, die Anzahl möglicher Keime im Endprodukt Speiseeis unter einer bestimmten Obergrenze zu halten oder gar verschwinden zu lassen. Die Vorschriften müssen sehr streng sein, denn Mikroorganismen können sich unter bestimmten Voraussetzungen (die von Temperatur, PH-Wert etc. abhängen) äußerst rasch vermehren.
Die Hauptfeinde sind die berühmt-berüchtigten Salmonellen; solche krankheitserregenden Keime dürfen auf keinen Fall im Speiseeis vorhanden sein. Aber auch andere Mikroorganismen wie Hefe- oder Schimmelpilze können gesundheitsschädlich werden. Eine Keimvermehrung muß man daher schon von vornherein ausschließen können.

Nicht so positiv wie die Hygienevorschriften wird die dem Speiseeis in Österreich auferlegte *Gefrorenen-Steuer* von 10 %, die das Nahrungsmittel stark verteuert, gesehen, zumal ja schon die Ingredienzien, wie etwa Milch, einer Besteuerung unterliegen. Analog der Getränkesteuer kommt sie der Gemeinde zugute. Die Gefrorenen-Steuer ist sehr umstritten, insbesondere da sie nicht in allen Ländern der Europäischen Union existiert und damit wettbewerbsverzerrend wirkt.

Man unterscheidet eine Reihe von Eisarten:
- Speiseeis auf Basis von Milchprodukten (Obers, Milch, Topfen, ...);
- Speiseeis spezieller Geschmacksrichtungen (Kaffee, Nougat, Kakao, ...);

- Fruchtspeiseeis (unter Verwendung von Früchten, natürlichen Fruchtaromen, …);
- Kunstspeiseeis (unter Verwendung von naturidenten Aromastoffen).

Nach der Art der Speiseeisherstellung unterscheiden wir 2 Arten von Eis: Einerseits sprechen wir von industriell hergestelltem Eis, andererseits gibt es gewerblich hergestelltes Eis. Die gewerbliche Eisherstellung betreiben meist größere Konditoreien und vor allem Eissalons. Der Hauptanteil der Speiseeismengen wird jedoch industriell hergestellt – *Eskimo* Eis wird zu diesem Bereich gezählt.

In der Saison 1996 wurde ein großer Teil der Eisprodukte von dem bisher verwendeten österreichischen Codex-Ansatz (7 Teile Pflanzenfett, 1 Teil Butter) auf 100 % Pflanzenfett-Ansätze, die ebenfalls dem österreichischen Eiscodex entsprechen, umgestellt.

Diese sehr geringe Rezepturänderung bedingt kaum geschmackliche Veränderungen. Im Gegenteil, es kommt z. B. bei Frucheis der Fruchtgeschmack durch den feinen Pflanzenfett-Ansatz weit besser zur Geltung.

Eisprodukte, deren geschmackliche Eigenheit auf einem Butteransatz aufbauen, sind von diesen Veränderungen natürlich nicht betroffen.

Als führende Marke im Eisgeschäft fühlt sich *Eskimo* zu Qualität und Innovation besonders verpflichtet. Daher enthalten alle *Eskimo*-Produkte nur ausgewählte Zutaten. Jährliche Neuentwicklungen sorgen für Abwechslung und Attraktivität im Sortiment.

5.2. Der Produktionsprozeß

5.2.1. So wird Genuß erzeugt

Es war ein langer Weg von der ersten Ammoniak-Eismaschine, mit der man „Kunsteis" herstellen konnte, bis zu den speziellen Fertigungsanlagen, mit denen heute *Eskimo*-Produkte produziert werden. Karl von Linde hätte sich in den späten 70er Jahren des vorigen Jahrhunderts diesen Siegeszug seiner Kältemaschine, mittels der erstmals industriell Kälte hergestellt werden konnte, wohl nicht träumen lassen.

Das süß schmeckende Lebensmittel Speiseeis, das in gefrorenem Zustand verzehrt wird, enthält außer Zucker und Wasser vielfach Milchbestandteile, Obst

PATENTSCHRIFT
1877 — Nr. 1250 — Klasse 17

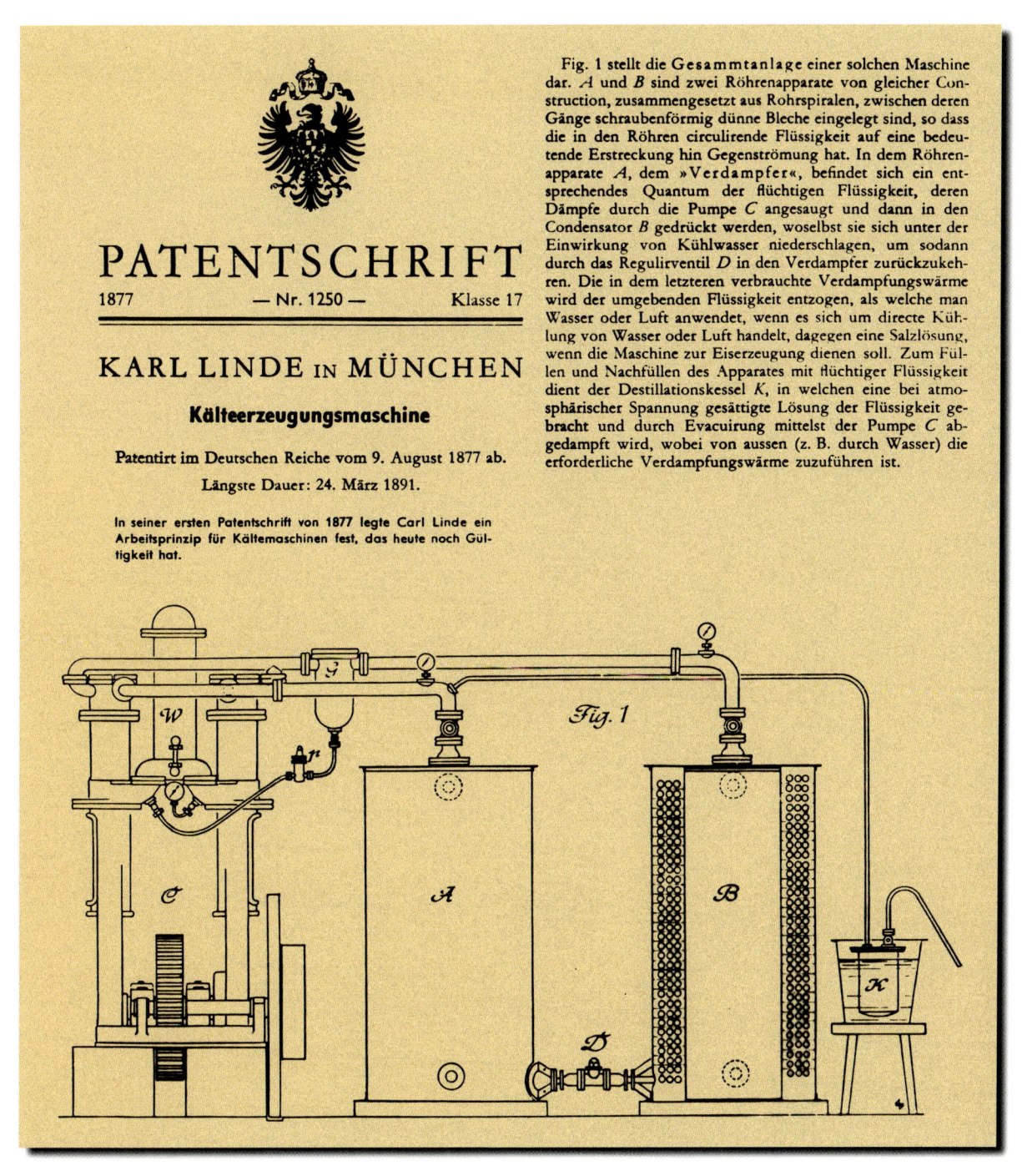

KARL LINDE IN MÜNCHEN

Kälteerzeugungsmaschine

Patentirt im Deutschen Reiche vom 9. August 1877 ab.

Längste Dauer: 24. März 1891.

In seiner ersten Patentschrift von 1877 legte Carl Linde ein Arbeitsprinzip für Kältemaschinen fest, das heute noch Gültigkeit hat.

Fig. 1 stellt die Gesammtanlage einer solchen Maschine dar. A und B sind zwei Röhrenapparate von gleicher Construction, zusammengesetzt aus Rohrspiralen, zwischen deren Gänge schraubenförmig dünne Bleche eingelegt sind, so dass die in den Röhren circulirende Flüssigkeit auf eine bedeutende Erstreckung hin Gegenströmung hat. In dem Röhrenapparate A, dem »Verdampfer«, befindet sich ein entsprechendes Quantum der flüchtigen Flüssigkeit, deren Dämpfe durch die Pumpe C angesaugt und dann in den Condensator B gedrückt werden, woselbst sie sich unter der Einwirkung von Kühlwasser niederschlagen, um sodann durch das Regulirventil D in den Verdampfer zurückzukehren. Die in dem letzteren verbrauchte Verdampfungswärme wird der umgebenden Flüssigkeit entzogen, als welche man Wasser oder Luft anwendet, wenn es sich um directe Kühlung von Wasser oder Luft handelt, dagegen eine Salzlösung, wenn die Maschine zur Eiserzeugung dienen soll. Zum Füllen und Nachfüllen des Apparates mit flüchtiger Flüssigkeit dient der Destillationskessel K, in welchen eine bei atmosphärischer Spannung gesättigte Lösung der Flüssigkeit gebracht und durch Evacuirung mittelst der Pumpe C abgedampft wird, wobei von aussen (z. B. durch Wasser) die erforderliche Verdampfungswärme zuzuführen ist.

Abb. 9: Linde Kältemaschine

und andere geschmackgebende Zutaten, Aromastoffe und Farbstoffe. Speiseeis wird im allgemeinen unter Zusatz von Dickungsmitteln oder Stabilisatoren und Emulgatoren hergestellt.

Die Marke Eskimo

Emulgatoren dienen dazu, die Grenzflächenspannung zwischen Wasser und Fett sowie zwischen Wasser und Luft herabzusetzen. Somit läßt sich die Luft gleichmäßig im Eis verteilen, und der Aufschlag wird verbessert. Stabilisatoren erhöhen die Viskosität vom Speiseeis-Mix. Sie verzögern das Aufrahmen (= Trennen der Emulsion in eine fettreiche und in eine fettarme Phase) und fördern so die Stabilität der Emulsion. Sie verzögern das Wachsen von Eis- und Lactosekristallen und verbessern damit die Lagerstabilität von Speiseeis.

Die Mischung der Zutaten vor dem Gefrieren bezeichnet man als Speiseeis-Mix, meist kurz „Mix" genannt. Um eine cremige Konsistenz zu erhalten, wird in den Mix unmittelbar vor dem Gefrieren Luft als sog. „Aufschlag" eingearbeitet.

Will man die Zusammensetzung vom Speiseeis-Mix quantitativ beschreiben, werden meist folgende Kennzahlen ausgewiesen: Trockenmassegehalt, Fettgehalt, Gehalt an Milchfett und Gehalt an fettfreier Milchtrockenmasse.

Wasser ist der charakteristische Inhaltsstoff von Speiseeis und ist verantwortlich für den erfrischenden Charakter des Produktes. Es ist Lösungsmittel für die wasserlöslichen Inhaltsstoffe, und es bestimmt die Härte, je nachdem, ein wie hoher Anteil ausgefroren ist.

Die Speiseeisherstellung gliedert sich grundsätzlich in 2 Abschnitte:
1. die Herstellung des Mixes sowie der verschiedenen Soßen – Rohwaren werden zum Mix oder zu Soßen zusammengemischt;
2. die eigentliche Herstellung von Speiseeis – bei industrieller Produktion einschließlich Verpackung und Härtung.

Im folgenden möchte ich die wichtigsten Schritte und Abläufe kurz zusammenfassen.

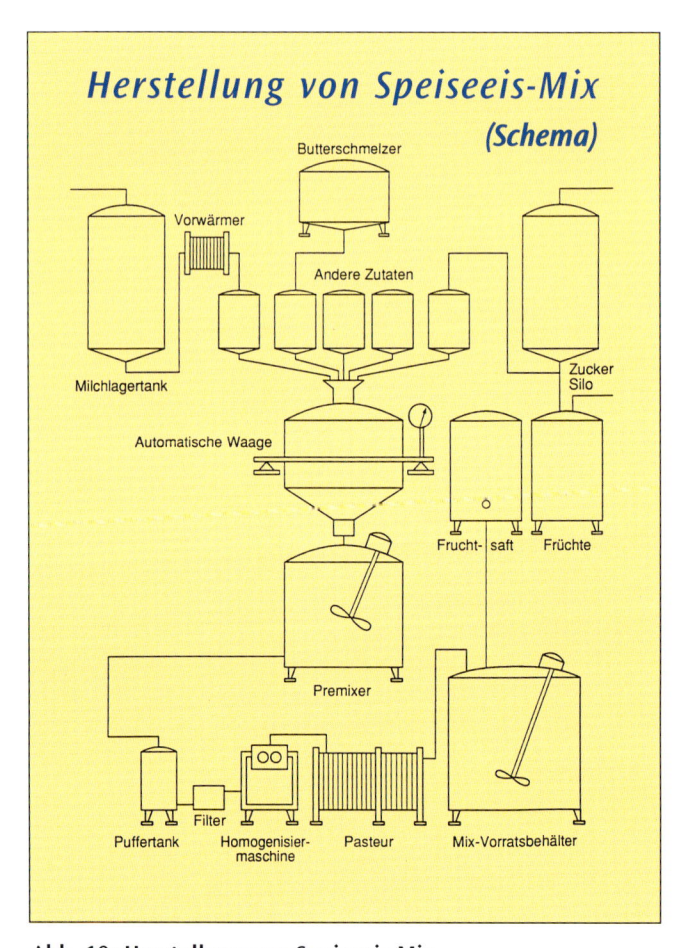

Abb. 10: Herstellung von Speiseeis-Mix

Der österreichische Eismarkt

Die Herstellung des Speiseeises beginnt in einer „Mixabteilung", in der sämtliche Rohstoffe und Ingredienzien genau nach Rezept zusammengestelllt und eingewogen werden. In großen Kesseln werden die verschiedenen Zutaten, wie z. B. Milch, Butter und Zucker, verrührt und (um die Lösungsgeschwindigkeit zu erhöhen) erhitzt. Dieser „Mix" wird in eine Homogenisierungsanlage gepumpt, in der die noch auf der Oberfläche schwimmenden Fettröpfchen zerschlagen und optimal vermengt werden.

Im „Pasteur" wird der Mix dann zur Abtötung von Bakterien 40 Sekunden lang auf 75° C erhitzt, anschließend auf 4° C abgekühlt und in gekühlten Mixtanks zwischengelagert.

Zur weiteren Verarbeitung kommt der Mix danach schließlich in Gefriermaschinen („Freezer"), in denen ein ständig rotierendes Messer die sich an den Wänden bildenden winzigen Eiskristalle abschabt, kaum daß sie entstanden sind. Bei diesem Vorgang wird Luft in das Eis eingeschlagen. Die auf diese Weise entstandene cremige Masse ist Ausgangsprodukt für die verschiedenen Eisspezialitäten. Sie wird entweder in riesigen Rundgefrierern bei -35° C zu Stieleis oder vollautomatisch in Familienpackungen, Becher und Großverbraucherdosen sowie Waffeltüten abgefüllt.

Mit Ausnahme der Stieleisprodukte, die gleich in der Maschine tiefgekühlt werden, kommen alle Packungen dann in einen Härtetunnel (-35° C) und werden daraufhin kartonverpackt und auf Paletten tiefgekühlt gelagert.

5.2.2. Qualitätsnormen und Hygienevorschriften

Es werden die besten Zutaten verwendet; dieses Faktum ist für die Marke ausgesprochen wichtig, denn der Konsument erwartet von der Marke *Eskimo,* daß wirklich nur die besten Zutaten verwendet werden, und daß sie sicher und sorgfältig verarbeitet werden.

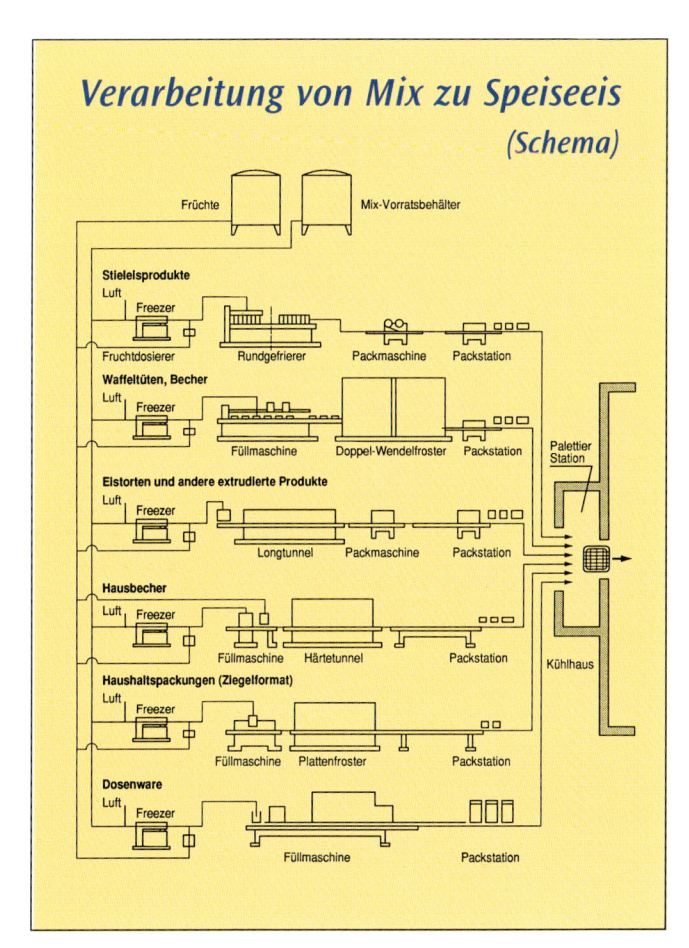

Abb. 11: Verarbeitung von Mix zu Speiseeis

Ein solches Vertrauen – ein wesentliches Kapital der Marke – darf keinesfalls durch mindere Zutaten mißbraucht werden.

Die hohe Qualität muß stets gewährleistet sein, daher werden mehrmals täglich Proben gezogen und überprüft, ob das Eis so zubereitet ist, wie es sein soll; etwa ob die Inhaltsstoffe in der richtigen Menge enthalten sind oder ob die Menge pro Packung stimmt.

In den modernen Fabriken herrscht ein höchstes Maß an Sauberkeit und Hygiene. Alle Mitarbeiterinnen und Mitarbeiter müssen sich strengen Hygienekontrollen unterziehen, bevor sie dort arbeiten oder auch nur das Gebäude betreten dürfen. Abgesehen vom obligaten Händewaschen, muß Schmuck abgelegt werden, ein Schutzmantel angezogen und die Haare mit einem Haarnetz bedeckt werden.

Abb. 12: Sauberkeit und Hygiene – eine Selbstverständlichkeit bei Eskimo

5.3. Der Eiskonsum

Die Österreicher schleckten 1998 knapp 7 Liter Eis pro Kopf und Nase
1960, im Jahr, als die älteste österreichische Eismarke *Eskimo* von *Unilever* übernommen wurde, betrug der Gesamtkonsum von Speiseeis in Österreich 1,9 Millionen Liter (Markeneis und Gewerbeproduktion). *Eskimo* erzeugte da-

Der österreichische Eismarkt

Pro-Kopf-Verzehr Speiseeis in Österreich in Litern

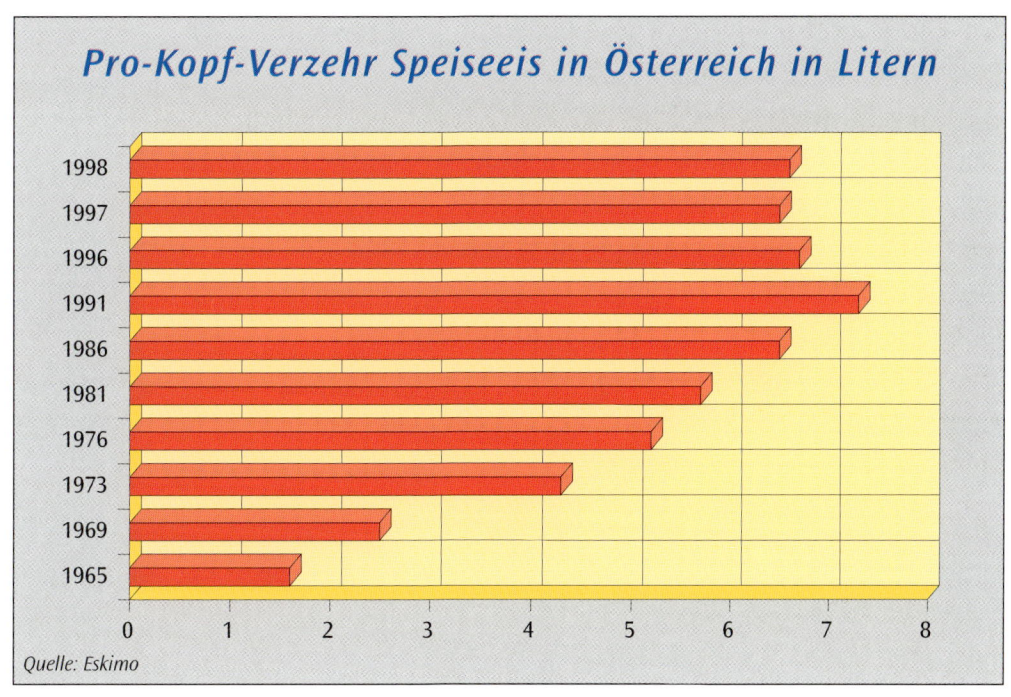

Quelle: Eskimo

Abb. 13: Pro-Kopf-Verzehr Speiseeis in Österreich (Liter/Jahr)

von 1,2 Millionen Liter. Pro Kopf bedeutete das damals einen Eiskonsum von ca. 1/4 Liter pro Person und Jahr. Dieser so niedrig anmutende Verbrauch hing mit 2 Faktoren zusammen:

Zum einen entsprachen die Verzehrgewohnheiten in Ländern mit niedrigem Lebensstandard (dazu gehörte Österreich 1960) genau diesem Trend, zum anderen wurde Eis in Österreich damals noch viel mehr als heute im Umfeld von Nascherei und Belohnung und weniger als hochwertiges, natürliches Nahrungsmittel im Bereich der Milchprodukte angesehen.

1970 hatte Österreich in punkto Lebensqualität schon tüchtig aufgeholt, und auch der Eiskonsum war gewaltig gestiegen. Herr und Frau Österreicher (gemeinsam mit den ausländischen Touristen) konsumierten nun fast 3 Liter pro Kopf, was sich bei *Eskimo* in einer Jahresproduktion von 12 Millionen Litern niederschlug.

1985 betrug der Pro-Kopf-Verbrauch mehr als das Doppelte von 1970: Es wurden 6,3 Liter Marken- und Gewerbeeis pro Jahr und Kopf verzehrt.

Österreich hatte den Anschluß an die Länder mit fortschrittlichen Konsumgewohnheiten gefunden und rangiert diesbezüglich heute im Mittelfeld. *Eskimo* erreichte 1997 eine Produktionsmenge von 32 Millionen Litern Speiseeis.

Heute schlecken die Österreicher im Durchschnitt knapp 7 Liter Eis im Jahr.

Die Marke Eskimo

Eis – Nahrungsmittel versus Genußmittel

Doch wer genießt das meiste Eis?

Warum wird in manchen Ländern so viel Eis gegessen – und erstaunlicherweise gerade in den nördlichen Ländern – und in manchen so wenig?

Österreich liegt mit rund 7 Litern pro Kopf und Jahr im Mittelfeld. In Österreich wird Eis als Genußmittel gesehen, das der Lebensfreude dienen soll – der Konsument ist bereit zu sündigen für sein Eis; so wie auch für eine Mehlspeise (kalorienarmes Eis hat sich daher nicht durchgesetzt).

Die besonders ausgeprägte österreichische Mehlspeistradition stellt jedoch ein Hemmnis für einen höheren Eiskonsum dar. Denn Mehlspeisen als klassisches Dessert stehen erfahrungsgemäß in direkter Konkurrenz zu Speiseeis.

Wer schleckt das meiste Eis?
Pro-Kopf-Verzehr Speiseeis im internationalen Vergleich in Litern

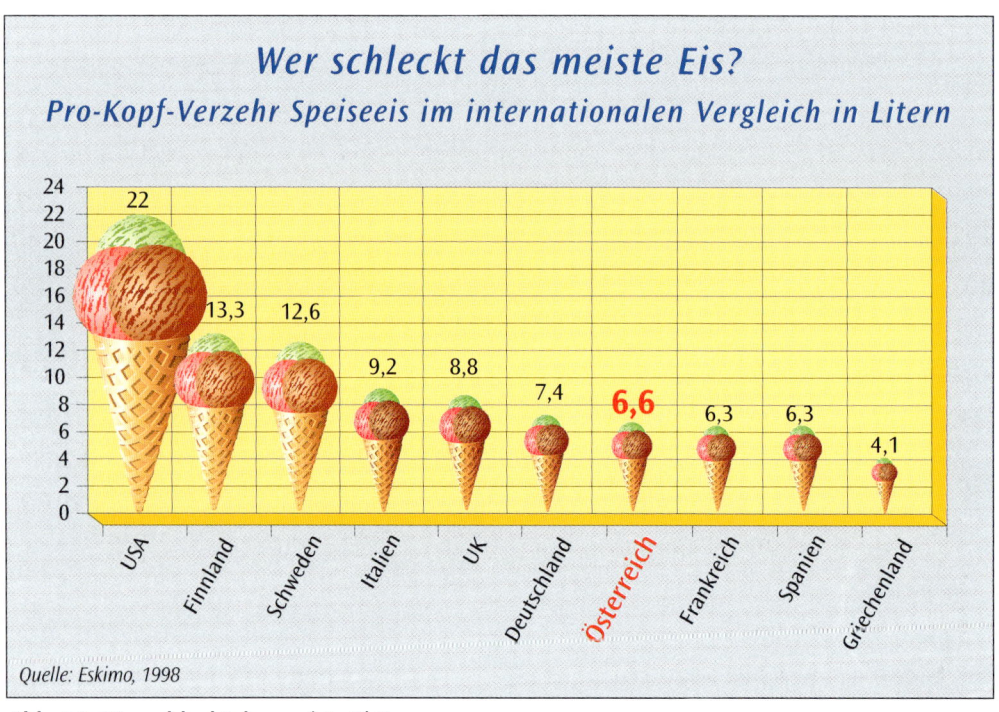

USA	22
Finnland	13,3
Schweden	12,6
Italien	9,2
UK	8,8
Deutschland	7,4
Österreich	6,6
Frankreich	6,3
Spanien	6,3
Griechenland	4,1

Quelle: Eskimo, 1998

Abb. 14: Wer schleckt das meiste Eis?

Während in anderen Ländern zu jeder Jahreszeit Eis gegessen wird, gönnt sich der Österreicher das kalte Vergnügen erst, wenn die Temperaturen über die 20° C-Marke klettern. Außerdem hat der Eisgenießer in unserem Land noch mit einer Reihe von Vorurteilen zu kämpfen. Kindern hält man gerne vor, Eis „verpicke den Magen" und sorge damit für Appetitlosigkeit. Die Erwachsenen wiederum fürchten sich vor der Meinung, Eis mache dick. Nicht wenige versagen sich daher schweren Herzens sogar an heißen Sommertagen eine Erfrischung, dabei enthält Speiseeis nach Ansicht internationaler Wissenschafter eine Reihe ernährungsphysiologisch bedeutsamer Stoffe wie Calcium oder Eiweiß.

Und wer glaubt, sich mit Konsum von Eis die Magenwände zu verkühlen, der sei beruhigt. Eis ist beim Essen noch minus 12° C kalt, wird aber in der Mundhöhle schnell auf plus 8° C erwärmt. Auf dem Weg in den Magen steigt seine Temperatur weiter auf 30° C. Einem maßvollen Genuß steht also vom medizinischen Standpunkt aus nichts entgegen.

Dort, wo Speiseeis bereits als wertvolles Teilsegment der menschlichen Ernährung angesehen wird, wie in den USA oder in Skandinavien, also keinen „Belohnungscharakter" mehr besitzt, ist der Konsum am höchsten.

Die Nummer 1 der Eisschlecker sind nach wie vor die US-Amerikaner

Das große Interesse am Speiseeis zeigt sich im „Land der unbegrenzten Möglichkeiten" nicht nur an den Innovationen im letzten Jahrhundert – es schlägt sich auch im Konsum nieder. *1998 verzehrten die US-Amerikaner 22 Liter pro Kopf, gefolgt von den Finnen mit einem Pro-Kopf-Verbrauch von 13,3 Litern, Schweden mit 12,6 Litern und Italien mit 9,2 Litern. Die Österreicher liegen mit 6,6 Litern hinter Großbritannien (8,8 Liter) und Deutschland (7,4 Liter), vor Frankreich (6,3 Liter), Spanien (6,3 Liter) und Griechenland (4,1 Liter).*

Daß es von Kontinent zu Kontinent Unterschiede beim Eisverzehrverhalten und bei der Konsummenge gibt, weiß man spätestens aus diversen amerikanischen Serien und Filmen, in denen man den TV-Familien beim Eislöffeln zusehen kann. Speiseeis ist dort nahezu ein Grundnahrungsmittel, das sich anscheinend in jedem amerikanischen Tiefkühlfach „en masse" befindet.

Eis als „Erziehungs-Druckmittel"?

In Österreich hat sich die Einstellung, Eis als Nahrungsmittel zu verwenden, noch nicht durchgesetzt. Eis ist ein Genußmittel geblieben, das manchmal auch „mißbraucht" werden kann.

Eis ist sicherlich ein sehr wichtiges Nahrungsmittel in der Beziehung zwischen Eltern und Kindern. Es wird einerseits verwendet, um die Beziehung zu zementieren, andererseits, um sich abzuheben. Kinder werden oft das Eis, das ihnen die Eltern anbieten, nicht haben wollen, sondern ein anderes, das ihnen vom Image her besser gefällt. Irgendwann ist es beispielsweise mit einem *Brickerl* nicht mehr getan, das Kind will ein *Winner Taco*, weil es „cooler" ist. Meistens wird der Wunsch der Kinder nicht strikt abgelehnt, sondern an Bedingungen geknüpft, die erzieherische Wirkungen entfalten sollen („Ein *Winner Taco* darfst du schon haben, aber erst, wenn du deine Hausaufgaben gemacht hast."). So wird Eis unter Umständen zu einem Erziehungsmittel. Andererseits kann das Gewähren des gewünschten Schleckers ein einfacher Akt der Zuneigung sein und somit dazu dienen, das Eltern-Kind-Verhältnis zu festigen. So betrachtet könnte man Eis als „soziales Schmiermittel" bezeichnen, das dafür sorgt, daß familiäre Beziehungen reibungsloser und harmonischer verlaufen.

6. Das Sortiment – Die Dachmarke und die Einzelmarken

6.1. Die Dachmarke Eskimo

Unter Positionierung versteht man das einzigartige Versprechen, das eine Marke von allen anderen unterscheidet und einer gewissen Zielgruppe von Konsumenten macht. Positionierung ist, einfacher gesprochen, das, was der Konsument sich vom gekauften Produkt erwartet: sowohl faktisch (z. B. Eisgenuß) als auch ideell (z. B. Spaß, Gemeinsamkeit). Es ist das, was nur die eine Marke bieten kann und sie daher von allen anderen Produkten abhebt, im konkreten Fall von allen anderen Eisen und „Zwischendurch-Speisen".
Wie ist nun die Dachmarke *Eskimo* generell positioniert?
Sympathie und Vertrauen, Tradition und Aktualität sind Schlagworte, die der Marke *Eskimo* zugeordnet werden können. Emotionen und Gefühle spielen insgesamt eine große Rolle: Sommer, Glück mit seinen Kindern bzw. mit seinen Eltern, mit Freunden unterwegs, am Strand, … das sind die typischen positiven Situationen, die mit Eis essen und mit der Marke *Eskimo* verbunden werden – man ißt selten ein Eis, wenn man mit dem Auto im Stau steckt. Mit dem neuen Markenauftritt wird man auch dem geänderten Konsumentenverhalten, das selbst im Winter nicht auf einen Eisgenuß verzichten möchte oder muß, gerecht. *Eskimo* bzw. alle *Unilever*-Eiscrememarken, wie auch immer sie heißen mögen, stehen nunmehr für „natural togetherness", für ein natürliches, selbstverständliches Beisammensein und miteinander Umgehen.

Das Säulenmodell
Ganz konkret wird das Dachmarkenkonzept vom Unternehmen mittels eines sogenannten Säulentempels bildlich dargestellt *(siehe Abb. 15)*:
Die Dachmarke *Eskimo* erscheint optisch als Dach. Obwohl wir hier nur *Eskimo* untersuchen, ist das Konzept international anwendbar, trifft also auf alle *Unilever*-Eiscremeunternehmen zu. In Deutschland finden wir daher als Dach *Langnese,* in England *Wall's* u. s. w. Die Marke *Eskimo* bietet also ein Dach für eine Reihe von Einzelmarken, die entweder durch die Säulen oder das Funda-

49

Die Marke Eskimo

ment dargestellt sind. Teilweise weisen die Einzelmarken eine sehr starke Eigenpositionierung auf. Dies sind Marken, in deren Kommunikation viel investiert wird, die ein sehr ausgeprägtes eigenes Image in größerer Unabhängigkeit zu *Eskimo* haben. In Österreich sind das z. B. die Marken *Cornetto, Magnum, Solero, Viennetta* und *Cremissimo*. Diese starken Einzelmarken stellen Säulen bzw. Stützen für das Markendach dar. (Sie werden firmenintern daher auch „Pillarbrands" genannt.) Nur starke Säulen können ein Dach tragen, das seinerseits wieder die Einzelmarken schützen kann. Es wäre jedoch finanziell untragbar, alle Einzelmarken zu bewerben.

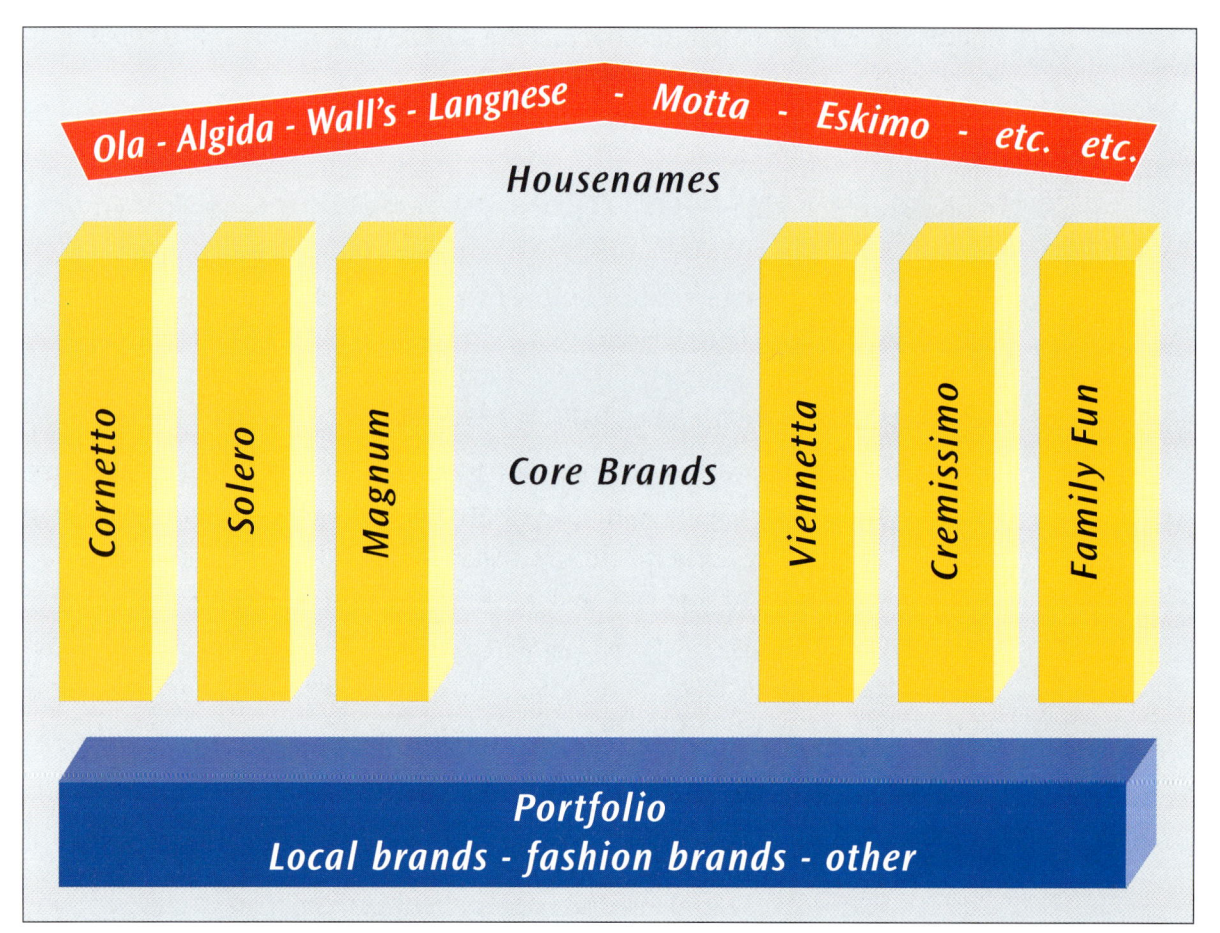

Abb. 15: Das Eskimo-Säulenmodell

Die restlichen Einzelmarken finden wir daher im Fundament. Das sind Marken wie *Bubble* und *Erdbeer Combino* oder *Jolly* und *Twinni* – die alteingesessenen Klassiker von *Eskimo* – oder auch Innovationen wie *Winner Taco,* einfach das weite Portfolio an Einzelmarken, das aber nicht selbständig intensiv beworben wird.

Das Sortiment – Die Dachmarke und die Einzelmarken

Zwischen Dachmarke und Einzelmarken besteht eine ständige Wechselwirkung – die eine bietet Schutz, die anderen sind die Stützen. Die Dachmarke leistet etwas für die Einzelmarken und die Einzelmarken leisten etwas für die Dachmarke. Starke Einzelmarken, werden aufgebaut, die durch die Verbindung mit der Dachmarke diese kräftigen, wobei die übergeordnete Markenkraft der Dachmarke wiederum die Markenkraft der jeweiligen Einzelmarken stärkt. Durch einen Rückkoppelungseffekt leiten neue Marken ihre frische, innovative Energie zurück zur Originalmarke, deren Image dadurch „aufgeladen", oder deren Markenkern dadurch neu gestärkt wird. Erfolgreiche Dachmarkenkonzepte erreichen diesen Effekt des „re-loadings" der Originalmarke immer wieder und halten die Dachmarke damit ständig jung und aktuell.
(siehe Kapitel 8.1.: Eskimo – Eine Dachmarke, Seite 63 ff.)

6.2. Die Einzelmarken

Die Einzelmarken finden wir in den verschiedenen Bereichen, in die sich das Eisgeschäft gliedern läßt, wieder.

6.2.1. Einzelmarken im Impulsbereich

Unter dem Namen *Eskimo* kennen wir die unterschiedlichsten Eisprodukte. Zuerst einmal fallen uns wahrscheinlich die klassischen Marken wie *Jolly, Twinni, Brickerl* oder *Cornetto* ein, die wir als Wunsch beim sommerlichen Einkauf im Supermarkt schon aus unserer Kindheit kennen. Sie gehören zu den sogenannten *Impulsmarken, den „Impuls-Singles"*. Wir finden sie z. B. in Supermärkten und in diversesten Kiosken. Impulseis wird am Ort des Bedarfs vertrieben.
(siehe Abb. 16: Preistafel 1999 mit Impuls-Singles)

Wir sehen die Preistafel und kaufen ein Eis. Die Umsetzung zum Entschluß dauert nicht lange. Impulsive Kaufentscheidungen sind durch rasches und spontanes Handeln charakterisiert, sie zeichnen sich durch starke affektive und reaktive Prozesse aus und sind dort typisch, wo unbewußt ein Bedürfnis schlummert.

Die Kaufentscheidung im Impulsbereich ist vollkommen ungeplant und unterliegt kaum einer gedanklichen Kontrolle. Erst das Sehen z. B. der Preistafel,

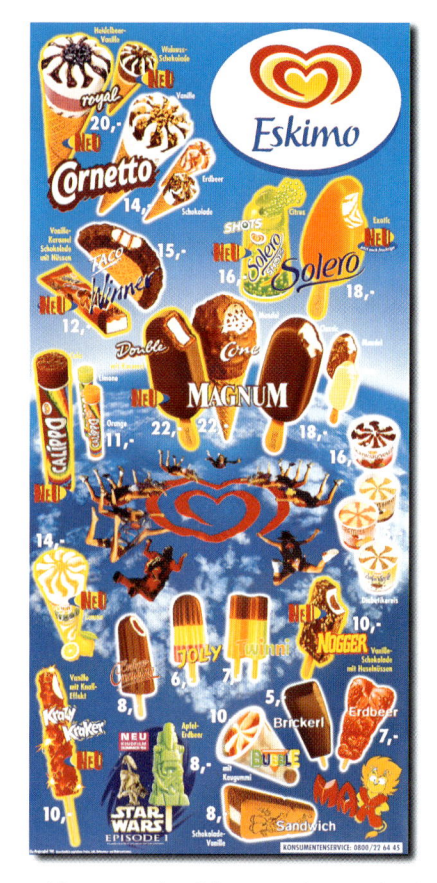

Abb. 16: Preistafel 1999 mit Impuls-Singles

Abb. 17: Preistafel 1999 mit Vorratspackungen

des konkreten Produktangebots weckt das Bedürfnis nach dem Produkt. Die Wahrnehmung des „auslösenden Reizes" ist für den Impulskauf entscheidend.

Zum Impulsbereich zählen auch die sogenannten *„Vorratspackungen"*. Wir sprechen davon, wenn mehrere Impuls-Singles zum Mitnehmen verpackt sind. *(siehe Abb. 17: Preistafel 1999 mit Vorratspackungen)*

Positionierung
Bei den Marken *Jolly, Twinni, Brickerl* ist die Positionierung relativ klar. Die heutige Positionierung dieser 3 sogenannten Klassikermarken liegt im Bereich der Tradition. Die Faktoren Kontinuität, Sympathie, eigenes Erlebthaben und „everyday pleasure", die einfache Freude, sich selbst einen Genuß zu verschaffen, spielen dabei eine Rolle.
Dann gibt es Marken, die andere Gefühle vermitteln, die andere Zielgruppen ansprechen. Das Produktportfolio von *Eskimo* soll möglichst viele unterschied-

liche Bevölkerungsgruppen ansprechen. *Magnum* zum Beispiel hat eine grundsätzlich andere Eigenpositionierung als *Jolly* oder *Twinni*. Es unterstreicht ganz andere Bedeutungsinhalte der Dachmarke mit seiner Positionierung, die eher im Genußbereich anzusiedeln ist. Durch *Magnum* werden Werte wie Luxus, Selbstverwöhnung und Selbstvergessenheit und ein „nicht teilen wollen" durch den Rückkoppelungseffekt auch auf *Eskimo* übertragen.

Die Positionierung von *Cornetto,* einem weiteren *Eskimo*-Klassiker, kommt ganz deutlich in der Werbung zur Geltung – die Marke wird mit Emotionen von geteilter Gemeinsamkeit, inniger Freundschaft und dem Gefühl, zusammen Spaß zu erleben, aufgeladen. Im Gegensatz zur *Magnum*-Werbung sehen wir bei *Cornetto* immer mehrere Personen.

Zielgruppe

Eis ist ein derart allgemeines Gut, daß nicht alleine auf Nischen der Gesellschaft abgezielt werden kann, ohne daß unter Umständen negative Rückwirkungen auf die Dachmarke entstehen. Jeder kann sich ein Eis leisten. Eine Differenzierung nach Schichten wäre daher nicht sinnvoll und auch nicht zielführend. Auch ist das Preisniveau überall in Österreich gleich, sodaß eine Differenzierung nach Supermärkten zum Beispiel nicht durchgeführt werden kann.

Dennoch kann man versuchen, auch auf Trends einzugehen, wie das etwa bei *Calippo* getan wird. Diese Marke spricht die moderne Teenagergeneration an, also Techno-Fans, Skater etc.

Altersmäßig gibt es nichtsdestotrotz verschiedene Zielgruppen. Schon die Struktur der Preistafel deutet auf Unterschiede hin: Kinderprodukte sind auf der Tafel unten plaziert, hochpreisige Produkte oben. Das heißt jedoch nicht, daß Kinder kein *Magnum* essen oder ein Erwachsener kein *Jolly*. Im Gegenteil. Kinder haben einen unglaublich hohen Anteil an *Magnum* und *Cornetto,* essen jedoch am häufigsten Produkte wie *Brickerl, Jolly* oder *Twinni*.

17 % der *Magnum*-Eis-Esser befinden sich im Alter von 7–15 Jahren, das ist annähernd soviel wie der Anteil der 30–39jährigen am *Magnum*-Konsum beträgt. Die häufigsten Konsumenten von *Magnum* sind aber die 16–29jährigen. *(siehe Abb. 18: Altersstruktur Eskimo Impuls Konsum – Magnum)*

Sieht man sich die Alterstruktur von *Cornetto*-Essern an, kann man eine ähnliche Tendenz erkennen.
(siehe Abb. 19: Alterstruktur Eskimo Impuls Konsum – Cornetto)

Die Marke Eskimo

Altersstruktur Eskimo Impuls Konsum – Magnum

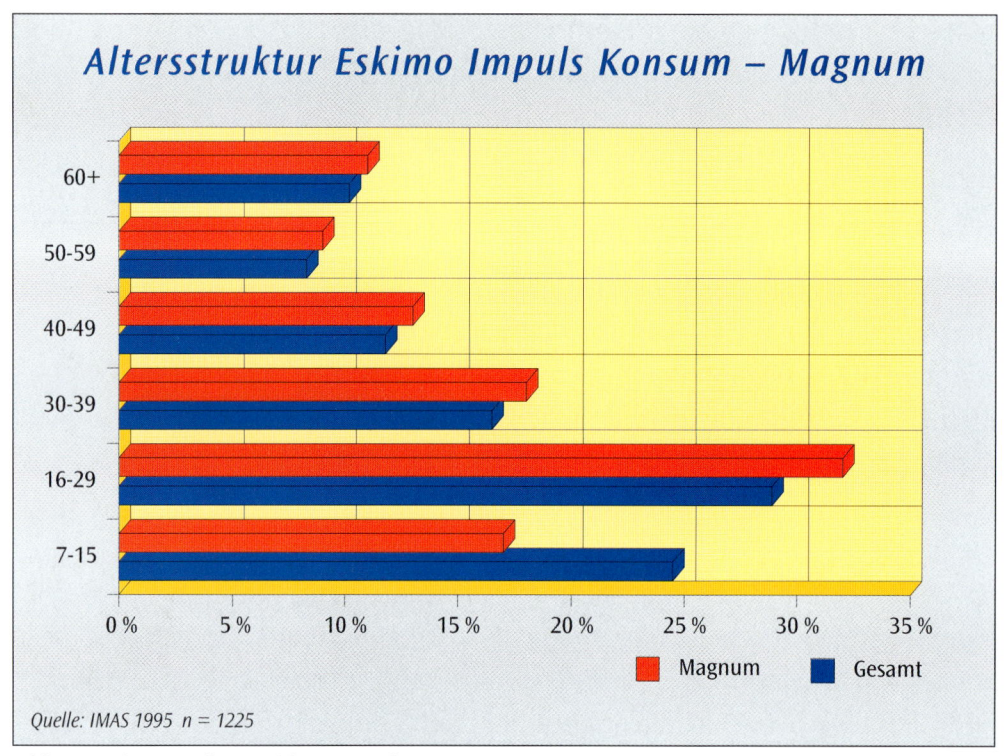

Quelle: IMAS 1995 n = 1225

Abb. 18: Altersstruktur Eskimo Impuls Konsum – Magnum

Altersstruktur Eskimo Impuls Konsum – Cornetto

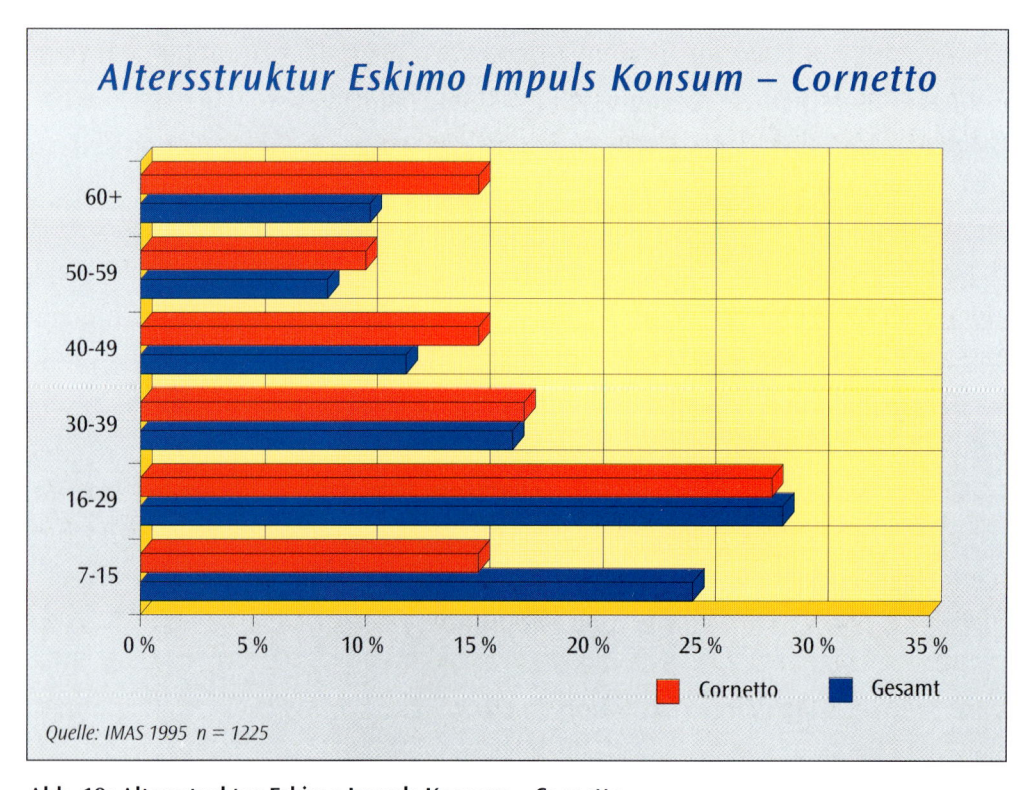

Quelle: IMAS 1995 n = 1225

Abb. 19: Altersstruktur Eskimo Impuls Konsum – Cornetto

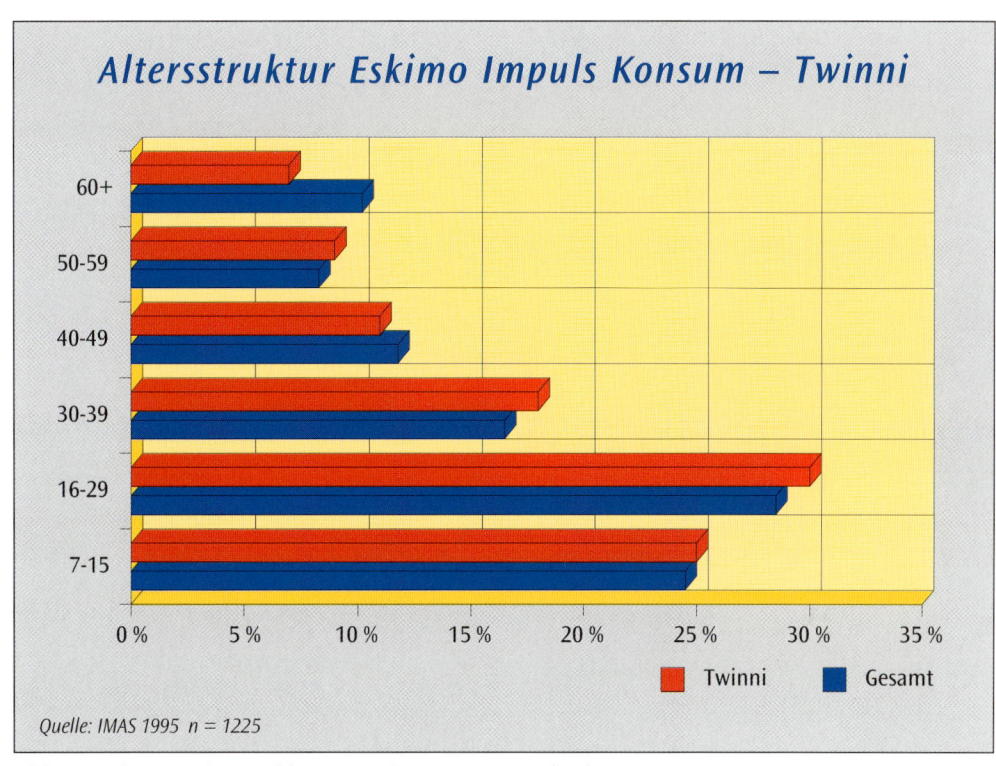

Das Sortiment – Die Dachmarke und die Einzelmarken

Abb. 20: Altersstruktur Eskimo Impuls Konsum – Twinni

Die *Twinni*-Liebhaber sind eindeutig bei den 7–29jährigen zu finden. Mit dem Alter nimmt dann auch der Konsum dieser Eismarke ab.
(siehe Abb. 20: Altersstruktur Eskimo Impuls Konsum – Twinni)

6.2.2. Take-home-Bereich

Neben den Impulspackungen finden wir in den Supermärkten Produkte und Marken des Take-home- oder Hauspackungsbereichs.
Man teilt das Eisfeld dabei folgendermaßen ein:
- Es gibt die „Premiumprodukte" mit den Lieblingssorten der Österreicher. Das durch seine ständige Werbepräsenz bekannteste Produkt – mit einem Bekanntheitsgrad von über 80 % – ist *Cremissimo,* welches schon im Jahre 1979 eingeführt wurde. Die Hausfrau, oder der Hausmann, kann das kalte Vergnügen in 1-Liter-Packungen mit nach Hause nehmen.
- Weiters gibt es servierfertiges Eis, die sogenannten „complete desserts", wie zum Beispiel *Viennetta*.
- zum „Economy-Bereich" zählt das *Eisdessert*.

Die Zielgruppe der Hauspackungen besteht generell aus Familien (mit Kin-

dern) und Personen, die Gästen eine Gaumenfreude bereiten wollen.
Wannenprodukte werden am liebsten gekauft, an zweiter Stelle rangieren die sogenannten Faltschachtelprodukte, wie z. B. das *Eisdessert* 0,5 l. Ein dritter Bereich sind die optisch schön und aufwendig gestalteten Produkte wie *Viennetta*. Da sie servierfertig gekauft werden, bleibt der Hausfrau jegliche Arbeit erspart, trotzdem kann sie in kürzester Zeit ihren Gästen oder ihrer Familie ein attraktives Dessert anbieten.

6.2.3. Gastronomiebereich

Für den Gastronomiebereich sind das Hauptgeschäft die Großwannen, die meistens mit den klassischen Sorten von *Eskimo* – Erdbeer, Schokolade, Banane, Haselnuß, Vanille, Zitrone und Pistazie – gefüllt sind. Dieses Eis bekommen die Gäste im Hotel- und Gastgewerbe als Coupe serviert.

Zusätzlich gibt es noch fertige Produkte, sogenannte „Monoportions", wie *Plattfuss, Frutta di Coco* oder *Mini-Viennetta*.

Teilt man die Kunden nach ihren Bedürfnissen ein, können wir von einer Segmentation in 2 „Cluster" sprechen: Einerseits gibt es die commercial customers, das sind Restaurants, Bäder etc., anderseits sogenannte institutional customers, das sind primär nicht auf Gewinn ausgerichtete Unternehmen wie Betriebskantinen, Bundesheer und Spitäler.

7. Die Konkurrenzmarken

***Eskimo* ist in Österreich unangefochtener Marktführer im Eiscremebereich.**
(siehe Abb. 21 und 22)

Vor dem EU-Beitritt haben Zölle Grenzen für ausländische Nahrungsmittelprodukte geschaffen. Der Mitbewerb war moderat. So war Österreich lange Zeit geschützt vor einem Großteil der ausländischen Konkurrenz. *Unilever* – und damit *Eskimo* – hatte dennoch durch seine Internationalität Zugang zu internationalem Know-how, worauf sicher ein wesentlicher Teil des Erfolges der Marke *Eskimo* zurückzuführen ist. Mit dem Beitritt Österreichs zur Europäischen Union eröffneten sich jedoch erhebliche Chancen für ausländische Mitbewerber, den österreichischen Markt mit billigeren Angeboten zu überfluten. Den Werbebereich dominiert *Eskimo* in Österreich eindeutig. Die Maßnahmen der Konkurrenz sind von weitaus geringerer Bedeutung. *(siehe Abb. 22: Share of Voice)*

Schöller wirbt traditionell im Hörfunk und seit kurzem auch im TV, *Tichy* beschränkt sich mit seinen Plakatmaßnahmen auf den Wiener Raum. *Mars* stell-

Marktanteile Speiseeis 1998

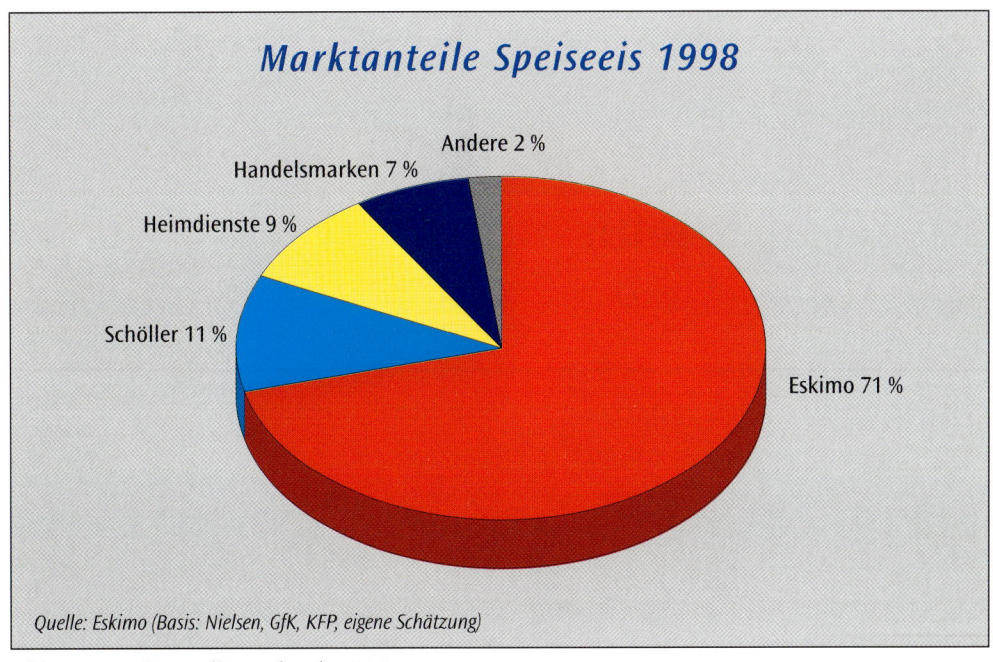

- Andere 2 %
- Handelsmarken 7 %
- Heimdienste 9 %
- Schöller 11 %
- Eskimo 71 %

Quelle: Eskimo (Basis: Nielsen, GfK, KFP, eigene Schätzung)

Abb. 21: Marktanteile Speiseeis 1998

Share of Voice – Eismarken Österreich

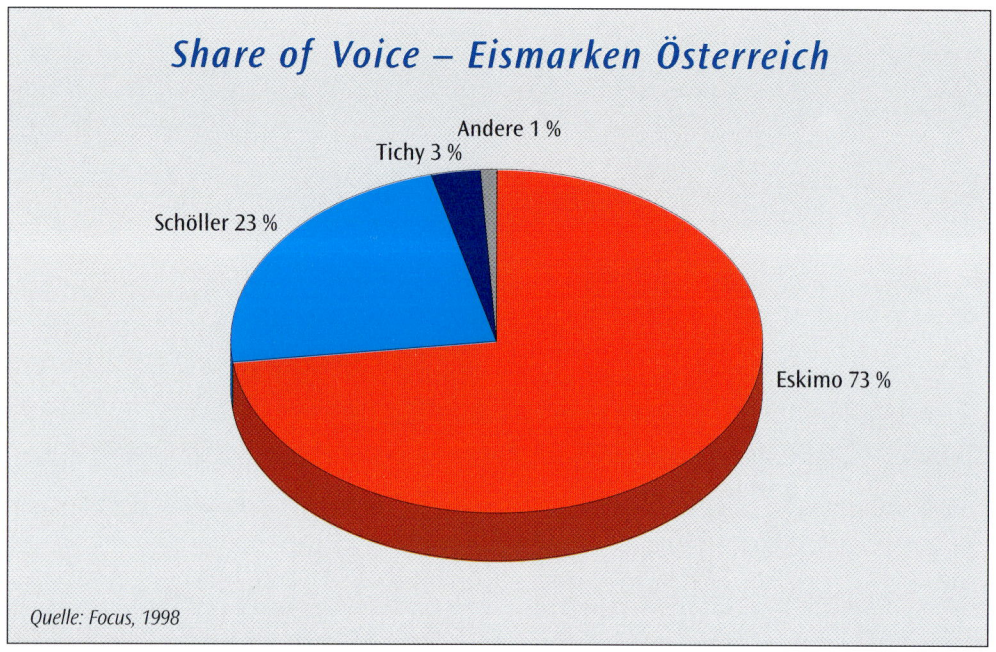

- Eskimo 73 %
- Schöller 23 %
- Tichy 3 %
- Andere 1 %

Quelle: Focus, 1998

Abb. 22: Share of Voice

te nur bis Mitte 1995 einen werblichen Konkurrrenten dar, und die Marke *Ja!Natürlich* vom *Billa-Merkur* Konzern trat 1996 erstmals in Erscheinung.

Will man jedoch die Konkurrenzsituation präzise betrachten, so muß man sehr genau zwischen Impuls-, Take-home- und Gastronomiebereich unterscheiden.

7.1. Impulsbereich

Das Impulsgeschäft ist zweifelsohne der wesentliche Teil des Eiscremegeschäftes. Über 75 % des Eisimpulsgeschäftes werden von *Eskimo* bestritten.

Schöller ist der größte Konkurrent. *Schöller* ist schwerpunktmäßig im traditionellen Handel tätig (z. B. Kioske, Tankstellen und Bäder). Darüber hinaus sind *Schöller*-Produkte auch in einzelnen Lebensmittelhandelsketten erhältlich.

Abb. 23: Schöller-Preistafel 1999

Die Konkurrenzmarken

Abb. 24: Eissalon Tichy

Speziell im Osten Österreichs haben vor allem gewerbliche Eissalons eine große Tradition. Tichy, Zanoni, der Eissalon am Schwedenplatz oder der in der Tuchlauben sind nur einige, die in Wien großen Zustrom finden.

Die Eissalondichte ist in Österreich mit einer Eisdiele pro 15.000 Einwohnern die höchste Europas. Das Gros des heimischen Speiseeiskonsums kommt jedoch aus der industriellen Produktion.

7.2. Take-home-Bereich

Im Take-home-Bereich sieht die Situation etwas anders aus:
Vor ca. 4 Jahren hat der Handel begonnen, sogenannte Eigenmarken einzuführen. Die Supermarktketten *Billa* und *Merkur* sind sicher als Vorreiter dieser Entwicklung zu betrachten. Die Ketten vertreiben die Marke *Semigel* und führen seit 1996 ein hochpreisiges Bioeis der Marke *Ja!Natürlich,* das auch klassisch mit einer Plakat-Aktion beworben wurde.
Die Entwicklung der Eigenmarken begann, als der Markt noch geschlossen war. Seit dem Beitritt Österreichs zur Europäischen Union ist natürlich Tür und

Die Marke Eskimo

Abb. 25: Eis Semigel (Verpackungen)

Tor für Importe geöffnet; man muß daher im Hauspackungsbereich davon ausgehen, daß der Anteil der Eigenmarken im Lebensmitteleinzelhandel stärker wird und starken Druck auf die Markenartikelindustrie ausübt, was dazu führt, daß eine erfolgreiche Umsetzung der Markenpolitik im Handel mit immer wachsenden Schwierigkeiten verbunden sein wird.

Ein weiterer Konkurrent, der den Take-home- und den Vorratspackungsbereich trifft, ist der sogenannte Heimdienst. Die Firmen *Bofrost* oder *Eismann* fahren mit ihren Lieferfahrzeugen von Haushalt zu Haushalt und beliefern entsprechend den vorab getätigten Bestellungen. Vor allem im Westen erfährt der Heimdienst eine hohe Akzeptanz bei der Bevölkerung. *(siehe Abb. 26)*
Sowohl die Eigenmarken als auch der Heimdienst stehen in direkter Konkurrenz zu *Eskimo*.

Abb. 26: Eismann LKW

7.3. Gastronomie

Das Segment Gastronomie-Eis steht seit dem EU Beitritt unter besonderem Druck. Ein breites Angebot billiger Importware führt zu einem im wesentlichen auf den Preis konzentrierten Wettbewerb.
Durch die prekäre Situation in der Gastronomie werden die einzelnen Gastronomiebetriebe zwangsläufig immer preisbewußter. Als Markenanbieter ist *Eskimo* jedoch darauf bedacht, eine Balance zwischen Preis und qualitätsbezogenen Markenwerten zu erhalten. Dumping würde zwangsläufig zu einer Beeinträchtigung der Marke *Eskimo* führen.

Im Vergleich zu den übrigen Bereichen gibt es in der Gastronomie einen grundlegenden Unterschied die Markenverwendung betreffend.
In der Vergangenheit wurde die Marke *Eskimo* im Gastronomiebereich bewußt gegenüber dem Konsumenten im Hintergrund gehalten. Der Konsument kennt den Absender nicht – das Eis wird als Coupe serviert oder im Stanitzel. Es ist definitiv oft der Wunsch der Gastronomen, daß der Markenname nicht genannt wird.
Starker preislicher Druck durch die Konkurrenz führte nun zu einem Umdenken und zu einer neuen Strategie: Man will gegenüber dem Konsumenten for-

Die Marke Eskimo

Preisunterschiede Gastronomie in ATS/Liter

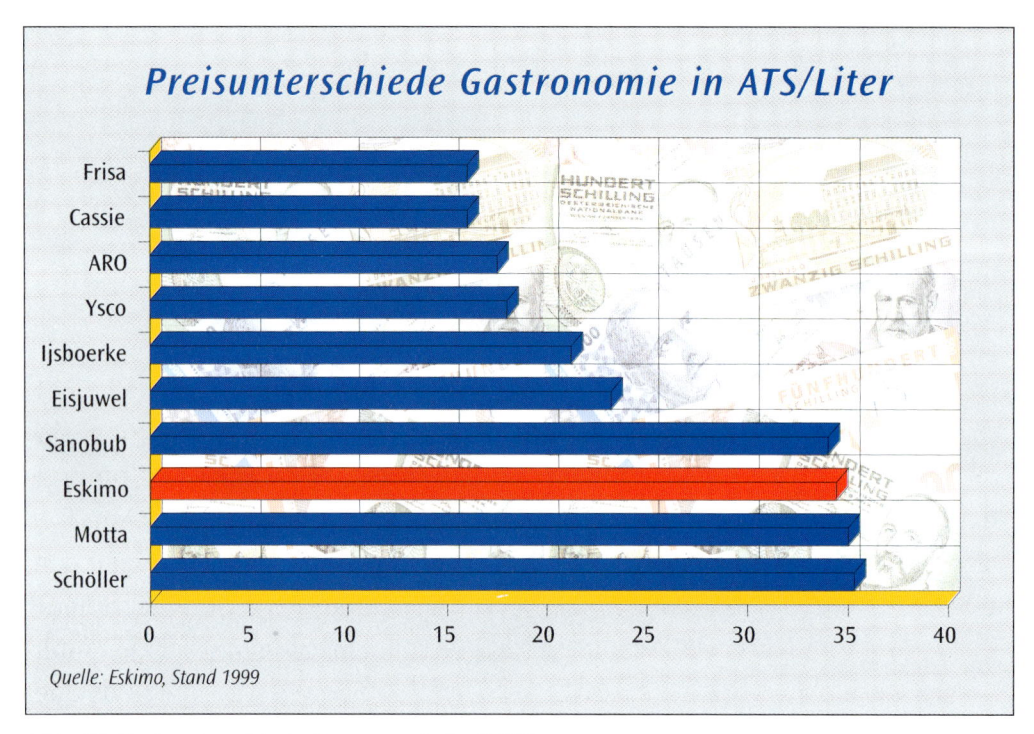

Marke	ATS/Liter
Frisa	16
Cassie	16
ARO	17
Ysco	18
Ijsboerke	22
Eisjuwel	24
Sanobub	35
Eskimo	35
Motta	35
Schöller	35

Quelle: Eskimo, Stand 1999

Abb. 27: Preisunterschiede Gastronomie in ATS/Liter

ciert mit der Marke auftreten, der Absender *Eskimo* soll überall zu sehen sein, auf Eiskarten, Tischaufstellern etc.

So kann man auch im Foodservicebereich von den guten Imagewerten der Marke *Eskimo* profitieren, die im Einzelhandel aufgebaut wurden.

Diese Strategie kann für die Marke *Eskimo* aber auch Gefahren bergen: *Eskimo* läßt sein POS-Material aufstellen und signalisiert damit dem Konsumenten: „Hier bekommst du die beliebte *Eskimo*-Qualität". Es kommt jedoch vor, daß nicht *Eskimo*-Produkte, sondern billige Ware eingekauft wurde. Der Eiscoupe ist dann als *Eskimo*-Eis markiert, hat aber nicht die Qualität dieser Marke. Das kann dem Image von *Eskimo* schaden.

In der Gastronomie ist die Konkurrenzmarke *Schöller* gut etabliert, konnte aber bisher *Eskimo* seine Stellung nicht streitig machen.

In einer 1996 durchgeführten Studie, bei der Gastronomen und Konsumenten über die Marke *Eskimo* und ihr Image im Vergleich zur Konkurrenz befragt wurden, gab es ein eindeutiges Ergebnis. Die Gastronomen bevorzugen nach eigener Auskunft die Marke *Eskimo* gegenüber den Konkurrenten wie z. B. *Schöller* oder *Mövenpick* und messen ihr eine höhere Bedeutung in der Gastronomie zu als den anderen Marken.

8. Die Erfolgsfaktoren der Marke Eskimo

8.1. Eskimo – Eine Dachmarke

Spricht man von einer Dachmarke, so deutet man automatisch an, daß es sich um eine Markenhierarchie handeln muß – mit übergeordneten und untergeordneten Marken. Die übergeordneten Marken werden dabei als Dachmarken bezeichnet, und mehrere oder alle Produkte eines Unternehmens tragen denselben Markennamen, nämlich den der Dachmarke. Die untergeordneten Marken innerhalb einer Markenhierarchie werden als Submarken oder Untermarken bezeichnet. *Eskimo* spricht in diesem Fall von seinen Subbrands oder auch von seinen Einzelmarken. Hauptsächliche Funktion der Dachmarke ist es, als Klammer um die Produktpalette den Zusammenhang zwischen verschiedenen Marken eines Angebotsprogramms zu signalisieren, während die Submarken das Produkt gegenüber der Dachmarke individualisieren.

Vorteile von Dachmarkenstrategien
Der Hauptvorteil von Dachmarkenstrategien liegt in der Übertragung langfristig aufgebauter positiver Einstellungen auf die Einzelmarken, die gegenüber der bewährten Dachmarke bestehen, und in der Nutzung von Synergien in der Marktentwickung und -kommunikation. Gibt es eine Dachmarke, so kann bei Einführung eines neuen Produktes ihr positiver Bedeutungsgehalt mit den damit verbundenen Wirkungen gegenüber potentiellen Konsumenten auf ein neues Produkt übertragen werden. Durch Nutzung des bereits bestehenden Markenimages können bei einer Markenerweiterung (Brand Extension oder Line Extension) Markteinführungskosten deutlich gesenkt werden. Normalerweise muß sehr viel Geld und Zeit aufgewendet werden, um eine Einzelmarke aufzubauen. Bei einer Dachmarke reduzieren sich die Einführungskosten jedoch, weil ein Großteil der Maßnahmen von der Dachmarke getragen wird, und alle Produkte einer Angebotspalette den notwendigen Markenaufwand für die Dachmarke gemeinsam tragen. Hohe Werbeausgaben sind weder für den Aufbau von Markenbekanntheit noch von Markenpräferenz der Einzelmarke er-

forderlich. Weiters kann man mit einer hohen Anzahl von Erstkäufen rechnen, wenn der Hersteller mit seiner Dachmarke bereits einen guten Namen hat.

Eskimo kann unter seiner Dachmarke problemlos weitere Einzel- oder Submarken mit mehr oder minder sofortigem Markenzuspruch einführen. Da die Dachmarke mit ihrem positiven Image, das durch lange Jahre sorgfältig aufgebaut wurde, für die Qualität des neuen Produkts garantiert, ist die Gefahr eines Flops ungleich geringer.

Ein weiterer Vorteil gegenüber einer Einzelmarke ergibt sich durch die schnellere Durchsetzung beim Verbraucher. Dies ist auf 2 Gründe zurückzuführen: erstens auf eine stärkere Konzentration der eingesetzten Mittel in der Kommunikation und zweitens auf den Treuetransfer der Konsumenten von der Dachmarke auf die Submarken beziehungsweise allgemein auf die Markentreue gegenüber der Dachmarke. Aufgrund des besonderen Vertrauens, das der Konsument der Dachmarke entgegenbringt, kann sein Vertrauen mit der Ausdehnung der Marke auf weitere Produkte übertragen werden, weil die Dachmarke Garant für die Hochwertigkeit dieser Produkte ist. Die Nutzung einer Dachmarke für Innovationen ist besonders unter Wettbewerbsaspekten oftmals entscheidend, denn aufgrund der relativ schnellen Akzeptanz beim Verbraucher hat die Innovation unter einer Dachmarke gegenüber Mitbewerbern, die in dieselbe Nische dringen wollen, einen zeitlichen Vorsprung. Bevor die Konkurrenz eine neue Marke aufbauen kann, hat die Neueinführung unter dem Schutz der Dachmarke meistens bereits eine „sichere" Marktposition. Umgekehrt kann man von der Dachmarke aus schneller auf Innovationen der Konkurrenz reagieren und effektiver zurückschlagen.

Der nächste Vorzug liegt in der höheren Durchsetzungsfähigkeit im Handel. Der Fall ist analog zur Durchsetzung beim Verbraucher zu sehen: Geschäftsbeziehungen, die – auf gegenseitiges Vertrauen beruhend – schon lange währen, können effizient genutzt werden, da das Vertrauen des Handels in die Qualität des neuen Produktes bereits vorhanden ist. Kein Unternehmen würde es riskieren oder könnte es sich leisten, seiner erfolgreichen Dachmarke durch die Einführung eines qualitativ minderwertigen Produktes zu schaden. Neueinführungen unter bekannten und erfolgreichen Dachmarken führen daher auch zu schnelleren Listungen und Aktionsunterstützungen des Handels. Auch wird es dem Unternehmer leichter fallen, eine gewünschte Regalplazierung für sein neues Produkt zu erreichen.

Ein anderer Pluspunkt liegt in der langen Lebensdauer einer Dachmarke. Sie sind viel stärker vom Produkt losgelöst als Monomarken und unterliegen daher auch nicht in demselben Maße dem sogenannten „Produktlebenszyklus". Laut diesem durchläuft ein Produkt im Laufe seines „Lebens" 4 verschiedene Phasen: Einführung, Wachstum, Reife und Niedergang. Marken können den Vorgang aufgrund ihrer offensichtlichen Langlebigkeit überdauern, sodaß ein unaufhaltsamer Niedergang nicht stattfinden muß. Eine gut geführte, produktunabhängige Dachmarke kann lange leben, während sich ihre Einzelmarken den Ansprüchen der Zeit anpassen. Da das Dach der Dachmarke meist weit genug gefaßt ist, kann sie leicht aktuell gehalten werden, indem neue Produkte eingeführt werden, die eine junge Zielgruppe ansprechen. Dadurch ändert sich wenig an der Positionierung der Dachmarke insgesamt, sie bleibt aber am Puls der Zeit.

Die 4 Phasen des Produktlebenszyklus

Einführung | Wachstum | Reife | Niedergang

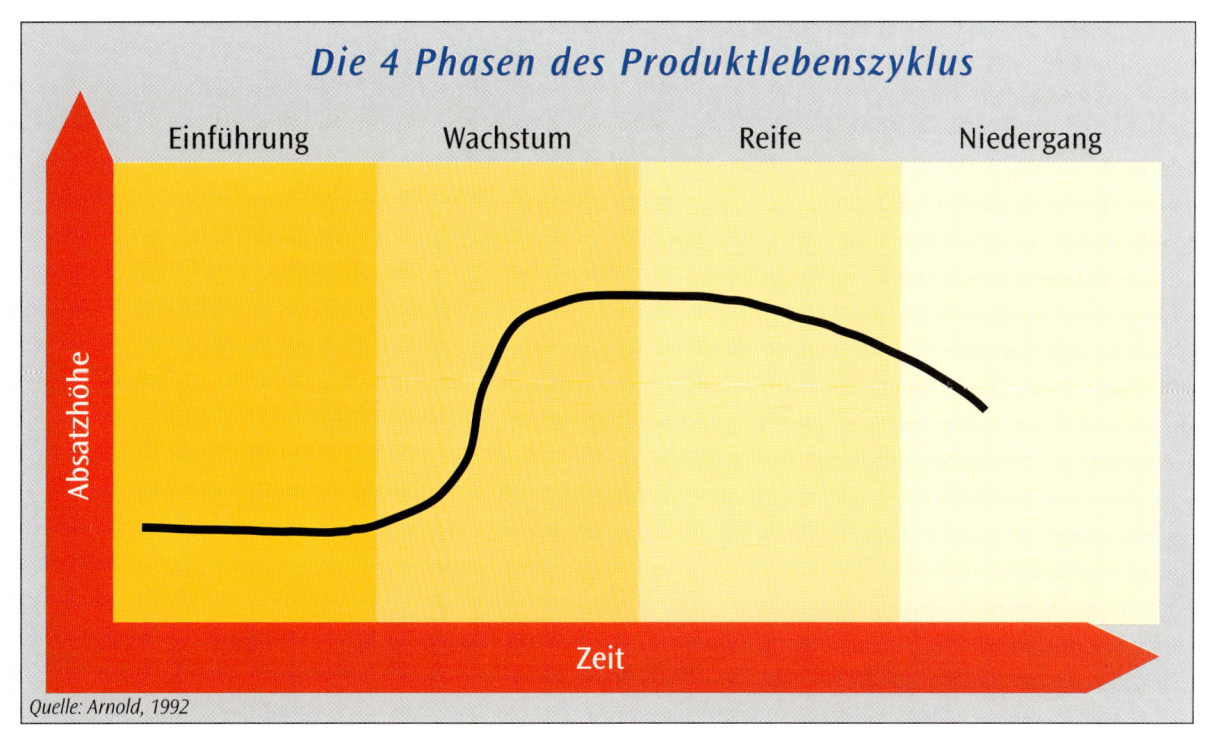

Absatzhöhe

Zeit

Quelle: Arnold, 1992

Abb. 28: Produktlebenszyklus

Die große Flexibilität und Gestaltungsmöglichkeit bei einer Brand Extension, einer Ausweitung der Produktpalette, oder bei einer Rücknahme einzelner Submarken aus dem Handel, ist ein weiterer großer Vorteil einer Dachmarke gegenüber einer Monomarke.

Ein letzter wesentlicher Punkt, den ich hier noch anführen möchte, ist der positive „Rückkoppelungseffekt", der sich bei einem Erfolg der Submarke einstellt. Die neue oder neuen Marken übertragen ihre positiven Assoziationen, Einstellungen und Energien an die Dachmarke. Ihr Image wird dadurch, sobald die Neueinführung selbständig „stehen" kann, aufgeladen, ihr Markenkern von innen heraus neu gestärkt. Gleichzeitig hilft diese Wechselwirkung den Einzel- oder Submarken, unter ihrem Dach groß zu werden.

Nachteile von Dachmarkenstrategien
Den vielen verlockenden Vorteilen einer Dachmarkenstrategie stehen aber auch Grenzen oder mögliche Nachteile gegenüber. Betrachtet man die Grenzen aus verschiedenen Blickwinkeln, so kann man 4 verschiedene Gesichtspunkte unterscheiden:

a) **Produktbezogene Grenzen**
Die Einführung neuer Produkte unter einer Dachmarke darf nicht zu schnell erfolgen. Ausweitungen des Dachmarkensortiments, sofern sie zu rasch durchgeführt werden, sollten daher eher vermieden werden, sonst läuft man Gefahr, das Image der Dachmarke zu verwässern. Vielmehr muß behutsam und geduldig eine „Kontinuität des Dachmarkenstils" aufgebaut werden. Diese ist wesentliche Voraussetzung, um der Dachmarkenstrategie zum Erfolg zu verhelfen.

b) **Verbraucherbezogene Grenzen**
Zielgruppen und tatsächliche Käuferschaft dürfen nicht auseinanderklaffen. Bei jeder Zielgruppenerweiterung muß darauf geachtet werden, daß das Imageprofil der Dachmarke nicht zu stark verändert wird. Eine Zielgruppenerweiterung muß daher unter Berücksichtigung der aktuellen Käuferschaft erfolgen. Die Eigenschaften des neuen Produktes dürfen also nicht im Gegensatz zur Positionierung, zum Image oder zum Ruf der Dachmarke stehen. Dies ist auch der Grund, warum unter einer gut verankerten Marke keine Produkte minderer Qualität eingeführt werden.

c) **Handelsbezogene Grenzen**
Wird das Sortiment zu breit, besteht die Gefahr, daß der Handel eine Auswahl trifft und nur ein begrenztes Sortiment an Einzelmarken zuläßt. Die Folge einer zu expansiven Dachmarkenstrategie wäre dann die Nichtverfügbarkeit für den Konsumenten in wichtigen Absatzschienen.

d) **Wettbewerbsbezogene Grenzen**
Die Gemeinsamkeit mit dem Produktnutzen der Dachmarke muß bei jeder Neueinführung einer Submarke bewahrt werden, da sonst das Risiko eines Flops hoch ist. Mißerfolge der Submarke können dann negative Ausstrahlungs-

effekte auf die Dachmarke verursachen, was durch das Säulenmodell *(siehe Abb. 15, Seite 50)* deutlich wird. Der Produktnutzen von Dachmarke, Pillarbrands und Fundament muß eine Einheit bilden.

Voraussetzungen für den Erfolg einer Dachmarkenstrategie
Ein starke, gesunde Originalmarke steht am Anfang jeder erfolgreichen Dachmarkenstrategie, denn ein schwaches Dach kann seinen untergestellten Subbrands nur schwachen Schutz bieten. Die Originalmarke sollte dabei idealerweise Marktführer sein oder zumindest an zweiter Stelle liegen, damit die Dachmarkenstrategie ihre volle Wirkung entfalten kann. Eine weitere Voraussetzung ist eine möglichst homogene Produktpalette hinsichtlich mehrerer Faktoren:
Erstens muß die wahrgenommene und tatsächliche Produktqualität immer den gleichen Standard aufweisen, oder noch besser: stetig steigen. Ein qualitativ minderwertigeres Produkt, als es die Dachmarke erwarten lassen würde, wird das Vertrauen der Konsumenten erschüttern. Dies wird, aufgrund des „Rückkoppelungseffektes", negative Auswirkungen auf die Dachmarke haben. Wenn man davon ausgeht, daß ein Konsument sich an der Qualität des schlechtesten Produktes unter einer Dachmarke orientiert (was nicht der Fall sein muß), können die Folgen verheerend sein.
Weiters muß bei der Preispositionierung auf eine einheitliche Linie, was die Positionierung im Konkurrenzumfeld betrifft, geachtet werden.
Ebenso stellt eine homogene Zielgruppe eine günstige Bedingung für den Erfolg einer Dachmarke dar. Allzu verschiedene Zielgruppen werden nur sehr schwer mit einer einzigen Dachmarkenpositionierung und Werbestrategie anzusprechen sein. Außerdem können Probleme beim Konsumenten auftreten, wenn er sich bei einer Brand Extension nicht mehr mit der Dachmarke identifizieren kann.
Die nächste Bedingung für den Erfolg einer Dachmarke ist ein gemeinsamer Produktnutzen, der als Klammer um alle Produkte verstanden werden kann. Der Nutzen kann direkt, faktisch aufgrund der Beschaffenheit des Produkts sein oder aus psychologischen Faktoren resultieren, wobei solche Marken, die es schaffen, ein emotionales Konsumerlebnis hervorzurufen, am besten für Dachmarkenstrategien geeignet sind. In der Wahrnehmung der Zielgruppe muß also ein Mindestmaß an Affinität des neuen zu den bisherigen Produkten der Palette unter einer Dachmarke bestehen. Nur dann kann eine Übertragung von Markenlogo, -symbolik und -farbe auf ein neues Produkt, die aber

Die Marke Eskimo

der wesentliche Faktor für eine erfolgreiche Dachmarkenstrategie ist, erfolgreich verlaufen.

Ursprünglich fand man Dachmarken vor allem im Gebrauchsgüter- und Dienstleistungsbereich (zum Beispiel: *VW*-Automobile, *Allianz* Versicherungen, …). Heutzutage findet man Dachmarken verstärkt im Nahrungs- und Genußmittelbereich. Die Dachmarke *Eskimo* fällt in diesen Bereich. Die dazugehörigen Einzelmarken sind die „Pillarbrands" *(siehe Abb. 15: Das Eskimo-Säulenmodell, Seite 50) Magnum, Cornetto, Solero, Viennetta, Cremissimo* und *Family Fun* sowie die Marken des Fundaments *Jolly, Twinni, Brickerl* und viele andere – also all die Produkte, die wir im Kühlregal mit dem Absender *Eskimo* finden können. Die Dachmarke vermittelt abstrakte Werte und bürgt als Absender für

- gute Qualität,
- Zuverlässigkeit,
- Sicherheit,
- Innovation und
- Eisspaß.

Eskimo, oft auch die „Housebrand" genannt, transportiert diese Werte mit ihren Produkten und kann sich gleichzeitig immer wieder selbst über die Produkte, die unter ihr stehen, neu definieren. Denn diese Einzelmarken, die auf einer nachfolgenden Ebene der Markenhierarchie stehen, vermitteln erst konkretere Inhalte. Sie vermitteln dem Konsument unmittelbar ihren Nutzen und worin dieser sich gegenüber anderen Submarken der gleichen Produktkategorie unterscheidet. Als „Marke unter der Marke" bedürfen sie der gleichen Pflege wie die Dachmarke. Außerdem halten Neueinführungen im Bereich der Submarken das Image der Dachmarke aktuell.

Einzelmarken wie *Magnum, Cornetto, Jolly, Twinni* oder *Brickerl* sind zwar recht große Marken, aber sie sind natürlich viel schwerer einzeln zu unterstützen und gegenüber dem Konsumenten aufzubauen als eine Dachmarke. Bei einer Dachmarke hat man immer den Vorteil, daß alles, was für diese getan wird, auf die Einzelmarken zurückfällt – und umgekehrt. Es kann eine ganze Menge für die Dachmarke getan werden (und so indirekt für die Einzelmarken), gleichzeitig aber auch etwas für die Marken, die darunter liegen (und so auch für die Dachmarke). Manche Einzelmarken bedürfen dabei mehr Zuwendung als andere: Wann immer *Eskimo* aufscheint, kommt zum Beispiel jedem Österreicher unwillkürlich der Gedanke an *Jolly, Twinni* oder *Brickerl*. Für diese Einzelmarken braucht daher weniger getan zu werden.

Die Tatsache, daß *Eskimo* eine Dachmarke ist, kann zweifellos als der wesentlichste Erfolgsfaktor angesehen werden. Durch die kumulierte Wirkung der Maßnahmen, die im Laufe der letzten 30 Jahre für *Eskimo* und ihre Einzelmarken gesetzt wurden, konnte die Marke zu der Stellung gelangen, die sie heute hat: eine kräftige Dachmarke mit einer Vielzahl von guten, gesunden Submarken.
Manche sehr starke Einzelmarken gibt es dabei erst seit einigen Jahren.

Einzelmarken-Einführungen in Österreich

1966	Cornetto Vanille (jetzt Classico)
1967	Jolly
1968	Cornetto Erdbeer
1968	Twinni
1977	Erdbeer Combino
1979	Cremissimo
1985	Calippo
1990	Magnum
1996	Solero
1998	Winner Taco

8.2. Produktrange

Ein oft vergessener Erfolgsfaktor ist das ziemlich vollständige Sortiment, das sich durch die Fülle der Einzelmarken ergibt, denn in unserer Gesellschaft hat der Konsument ein Bedürfnis nach Vielfalt.
Das Entscheidende ist, möglichst viele Segmente abgedeckt zu haben, möglichst viele Einzelmarken anbieten zu können. Es spielt dabei keine Rolle, wieviele verschiedene *Cornetto* es gibt, sondern daß es überhaupt eine Einzelmarke Cornetto gibt und eine Einzelmarke *Magnum* und eine Einzelmarke *Jolly* etc. Hätte *Eskimo* jedoch kein Tütenprodukt, entstünde eine Sortimentslücke, die den Mitbewerbern die Möglichkeit eines Markteintritts erleichtern würde. Außerdem sollte dafür Sorge getragen werden, daß die Verbraucher die Sorti-

mentsausdehnung bewußt nachvollziehen, da sonst die Prägnanz der Dachmarke leiden könnte. Um Mißerfolge zu vermeiden, muß eine Sortimentspolitik gewählt werden, die sich sehr am Markt orientiert.
Als Marktführer hat *Eskimo* eine meinungsprägende Funktion im Eiscremebereich und daher den wesentlichen Vorteil, diese Segmente zum Teil selbst definieren zu können, so wie *Mercedes* oder *Volvo* im Autobereich lange Zeit die Sicherheitsstandards gesetzt haben.

Ein weiterer wesentlicher Erfolgsfaktor für *Eskimo* ist die traditionelle vollständige Abdeckung aller Konsumentenbedürfnisse – das Vollsortiment. Bei *Eskimo* findet jeder das Richtige – vom Tütenliebhaber bis zum Intensivkonsumenten von Riegeln, vom Fruchteisgenießer bis zum Schokoladeeisesser, vom schnellen Zwischendurchschlecker bis zur Hausfrau, vom Kleinkind bis zur Großmutter.

8.3. Tradition

„Durch die gewissenhafte Sorgfalt, mit der große Unternehmer ihre Produkte herstellten, sicherten sie unseren Vorfahren gleichbleibende Güte zu. Diese dankten es ihnen durch Treue." (Brandmeyer/Deichsel 1991)
Seit den 20er Jahren gibt es den Markennamen *Eskimo* für Speiseeis, seit 1960 ist die Marke in Händen von *Unilever*. Es wächst bereits die dritte Generation mit der Marke *Eskimo* auf. Daher gibt es nur mehr wenige, die sich daran erinnern können, daß es die Marke *Eskimo* einmal nicht gegeben hat. Der Österreicher betrachtet *Eskimo* schon als Teil seines Lebens; es ist eine Marke, die ihn praktisch durchs Leben begleitet.
In manchem von uns werden Kindheitserlebnisse wiedererweckt, denn schon vor etlichen Jahren haben wir ein *Jolly* gegessen, das wir vielleicht von unseren Eltern bekommen haben. Heute kaufen wir es vielleicht für unsere Kinder. Mit den Marken von damals, so sie heute noch existieren, können wir uns nach Belieben in Kindheit und Jugend zurückversetzen. Die Klassikermarken *Twinni*, *Jolly* und *Brickerl* werden mit Kindheit, Geborgenheit und Beziehungen verbunden.

In der langen Zeit der Existenz der Marke wurde auch zweifellos sehr viel Vertrauen aufgebaut, denn „Vertrauen erweckt nur, wer das Vertraute wiederholt", wie der Wiener Konfliktforscher Friedrich Hacker zu sagen pflegte. Der neuerliche Gebrauch des Produktes mit dem gleichen Ergebnis, die vertraute Darbietung im Geschäft oder die millionenfache Vervielfältigung der Markensymbolik, die in den gedruckten und elektronischen Medien immer und immer wieder sichtbar ist, sind Faktoren, die Vertrauen schaffen.

Die Klassikermarken *Twinni, Jolly* und *Brickerl* verlieren nie an Wert, sie verkaufen sich immer noch gut, was in einer vom Institut für Motivforschung im Juni 1996 durchgeführten Studie bestätigt wurde und wie es mit dem Satz „best things in life never change" am besten ausgedrückt werden kann.

Alle 3 Marken *(Jolly, Twinni, Brickerl)* weisen ein gemeinsames Merkmal auf: Sie gelten als traditionelle, alte, langbestehende Marken, die einen Grundbestand der Marke *Eskimo* definieren. Die 3 Marken sind zwar faktisch alt, jedoch nicht ältlich oder überholt. Sie markieren vielmehr Produkte, die einem intensiven, menschlichen Bedürfnis entgegenkommen, nämlich dem nach Kontinuität und Sicherheit: Es muß Dinge im Leben geben, die bleiben, die auch so bleiben, wie sie waren, die lange bestehen, die dafür stehen, daß auf etwas Verlaß ist. Nur eine psychologische Bindung führt zu Markentreue.

Die Marken *Twinni, Jolly* und *Brickerl* gehören einfach zum Image des Sommers, denn soweit man sich erinnern kann, gab es sie. Wenige der neueren Marken können die Präsenz dieser Klassiker ersetzen.

Einen Unterschied gibt es dennoch: Heute sind die Kinder etwas progressiver und unabhängiger. Deshalb finden neue Produkte und Marken bei dieser Generation einen großen Anklang. Denn kaufen sie sich selbst ein Eis, greifen sie nicht unbedingt auf das zurück, was ihre Eltern schon gegessen haben.

8.4. Balance zwischen Kontinuität und Innovation

Wichtig ist eine zeitgemäße Ausgeglichenheit der Produktrange. *Eskimo* steht für Qualität im Eiscremebereich. Wann immer also *Eskimo* auf ein Produkt gedruckt wird, weiß der Konsument, daß er ein hochwertiges Produkt kauft. Er weiß, daß er ein Eis kauft, das Tradition hat, aber auch, daß er immer wieder etwas Neues erwarten kann. Der menschliche Drang nach Neuem wirkt als starke Kraft gegen den Trend zur Kontinuität. Dieses Spannungsverhältnis zwischen Tradition und Innovation ist zweifellos ein wesentlicher Faktor für den Erfolg der Marke.

Die Marke Eskimo

Jedes Jahr werden neue Produkte auf den Markt gebracht, und jedes Jahr sind Produkte darunter, die auch längerfristig ihre Berechtigung im Sortiment finden und zu „Klassikern" werden.

Während neuere Produkte eher progressive Konsumenten ansprechen, bleibt auch Altbewährtes im Sortiment, um so für jeden Geschmack das Passende zu bieten.

Trends
Inwiefern muß man sich an sie halten, wie wichtig sind sie?
Der Mensch braucht Abwechslung und Vielfalt. Dieses Bedürfnis spiegeln die Verbrauchertrends wider. Um langfristig nicht den Risiken einer Dachmarkenkonzeption zum Opfer zu fallen, muß eine Dachmarke flexibel ausgerichtet sein. Veränderungen von Konsumententrends wie auch Veränderungen in den wirtschaftlichen und umweltpolitischen Rahmenbedingungen müssen berücksichtigt werden, um stets ein zeitgemäßes und für den Verbraucher relevantes Produktangebot garantieren zu können. Aber nicht jeder Trend ist auf Eis umsetzbar. Die Umsetzbarkeit muß daher genau geprüft werden. Stammt der Trend aus dem Nahrungsmittelbereich oder paßt er zumindest dazu? Inlineskaten ist im Moment sehr in Mode, aber kann die Eisindustrie etwas damit anfangen? Wollen die Inlineskater wirklich ein Eis in Skateform oder einen Namen, der nach Inlineskaten anmutet?
Sehr wichtig ist auch die Größe der Zielgruppe – ist sie überhaupt groß genug, erreicht man sie, gibt es noch andere Abnehmer?
Der Bio-Trend ist derzeit sehr in Mode. Billa hat eine Bio-Eismarke auf den Markt gebracht. Wäre für *Eskimo* ein Schritt in diese Richtung das Richtige? Könnte ein Bio-Eis der Marke nicht schaden, denn ist *Eskimo*-Eis nicht von vornherein aus natürlichen Zutaten hergestellt?
Trends müssen daher genau analysiert werden.

Die Frage, die sich häufig stellt, ist, welche Produkte man aus dem Sortiment herausnimmt. Es ist sehr schwierig zu entscheiden, welche Produkte in der folgenden Saison gestrichen werden sollen. Die 3D-Figuren, um ein Beispiel zu nennen, waren im ersten Jahr sehr erfolgreich, im zweiten Jahr nahm dieser Erfolg aber schon ab und im dritten Jahr noch mehr. Den richtigen Zeitpunkt für Einführen und Auflassen zu erkennen, ist das Wesentliche.
Deshalb ist bei jeder Entscheidung wieder der Kernsatz zu bedenken: *Was leisten diese Einzelmarken für die Dachmarke, und was leistet die Dachmarke für*

die Einzelmarken? Gibt die Einzelmarke noch viel Kraft an die Dachmarke, sollte sie im Sortiment bleiben.

Heute bringt *Eskimo* kaum neue Produkte auf den Markt, ohne sie durch Werbung zu unterstützen. Das Bestreben der letzten Jahre ging dahin, daß einige große Einzelmarken unter *Eskimo* aufgebaut wurden, für die viel Geld investiert wurde. Unter diese Marke müssen dann aber auch möglichst viele Produkte gestellt werden. Das bedeutet, daß *Cornetto* einige Varianten tragen können muß, genauso wie die Marke *Magnum* und *Solero*. Dadurch erhält eine Marke ein größeres Volumen, denn die Marke muß die Ausgaben für die Werbung tragen können.
Cornetto ist ein gutes Beispiel dafür: Es gibt viele Sorten und schon eine lange Werbetradition. *(siehe Kapitel 8.7.: Kommunikation, Seite 81 ff.)*

8.5. Marken- und Produktinnovationen

8.5.1. Forschung und Entwicklung

Forschung und Entwicklung haben sich mittlerweile zu den Kernbereichen jedes Unternehmens entwickelt, da Innovationen heute unerläßlich sind. Hinter jeder erfolgreichen Marke stand und steht eine innovative, originelle Produktidee. Nur derjenige, der ständig neue und konsumentenrelevante Produkte auf den Markt bringt oder bestehende verändert und verbessert, kann einen Wettbewerbsvorteil gegenüber der Konkurrenz erreichen.

So wie sich die Wirtschaft momentan darstellt, als ein sich ständig verändernder globaler Kampfplatz, kann ein Unternehmen nur bestehen, wenn ständig neue Produkte und dynamische Prozesse entwickelt werden. F & E erlangen daher zunehmend einen zentralen Stellenwert. Dabei ist nicht nur die Geschwindigkeit des Entwickelns und die Qualität des neuen Produktes wichtig, entscheidend ist die Konsumentenrelevanz. Das modernste Gerät kann einem Unternehmen keinen Wettbewerbsvorteil verschaffen, wenn es von niemandem benötigt wird. Wer schnell und gut Brauchbares produziert, wird die Nase vorn haben. Der Konkurrenzkampf verlagert sich immer mehr weg vom klassischen Gegensatz „Groß gegen Klein" zu „Schnell gegen Langsam". Unternehmen, die sich nicht nach den Kundenwünschen orientieren oder zu langsam sind, werden sich auf Dauer schwer tun. Nur erstklassige Forschungs- und Entwicklungsarbeit, nur überdurchschnittliche Beherrschung der Produkt- und Prozeßentwicklung führen zu Wettbewerbsvorteilen.

Hat man sich erst einmal eine führende Position erkämpft und schafft man es, diese nicht nur gegen die Konkurrenz zu verteidigen, sondern auch weiter auszubauen, so führt das zu weiteren positiven Nebenwirkungen. Ein gut eingeführtes Produkt steigert die Begeisterung für die Marke und das Ansehen des Unternehmens sowohl firmenintern als auch unter den Konsumenten. Intern entstehen neue Energien, Selbstvertrauen, Stolz, und die Motivation der Mitarbeiter wächst mit dem Erfolg. Die Mitarbeiter werden bessere Arbeit leisten und sind auch bereit, mehr in ihren Job hineinzustecken. Unter den Konsumenten führt ein Renner zu steigendem Interesse an dem Unternehmen und seinen Produkten. Insgesamt gewinnt das Unternehmen Schwung und Dynamik und wird daher auch weitere erfolgreiche Innovationen tätigen. Der Prozeß, einmal in Gang, verstärkt sich sozusagen von selbst.

8.5.2. Der Innovationsprozeß nach dem IPM-System

Das Wort *Innovation* ist uns aus dem täglichen Sprachgebrauch gut bekannt. Es bedeutet die kreative Gestaltung einer Idee, einer Mode, einer Neuerung in Produkten, in der Kommunikation und im Vertrieb. Als Innovationsfähigkeit kann ganz allgemein die Fähigkeit eines Unternehmens betrachtet werden, erfolgreich Innovationen durchzuführen.

Unter Produktinnovation wird das Hervorbringen von neuen Produkten verstanden; Produktinnovationen beziehen sich auf die Sach- und Dienstleistungen der Unternehmung. Neues kann aber auch schon durch Verbesserung vorhandener Produkte, ihrer Verwendung, ihres Preises, ihrer Verpackung, Werbung und Verkaufsförderung entstehen. Der Begriff umfaßt ablaufbezogen den gesamten Prozeß analytisch vorbereitender Planungsmaßnahmen bis hin zur eigentlichen Markteinführung.

Es gibt verschiedenste theoretische Modelle in der Literatur, nach denen Innovationsprozesse behandelt werden können. Je schneller eine Neuerung angenommen wird und sich ausbreitet, umso größer ist für den Anbieter der zeitliche Vorsprung gegenüber Wettbewerbern. Im allgemeinen werden folgende Ablaufphasen unterschieden: Ideengewinnung, vorläufige Ideenbewertung und Grobauswahl, nähere Wirtschaftlichkeitsanalyse, Produktentwicklung, Tests und Markteinführung. Eine Neuerung durchläuft, bis sie aufgenommen wird, Stufen der Aufmerksamkeitsweckung, der Interessengewinnung, der Abwägung ihres Wertes, ihrer Bewährung durch Erprobung und endet mit ihrer Akzeptierung bzw. Verwerfung.

Innovationen werden bei *Eskimo* sehr hoch gehalten. In vielen Unternehmen geht jedoch bei den Entwicklungsprojekten etwas schief, weil viel zu wenig im voraus geplant wird, und nicht etwa, weil es an klugen Köpfen fehlen würde. Um solchen Fehlentwicklungen vorzubeugen, werden Innovationen *unilever*weit nach einem einheitlichen Prinzip behandelt. Es gibt definierte Vorgangsweisen, die von 2 Harvard-Universitätsprofessoren (Wheelwright und Clark) entwickelt wurden. Diese Organisationsmethode von Innovationen wurde von *Unilever* adaptiert.

Unilever arbeitet weltweit somit nach dem sogenannten „**Innovation-Process-Management**"-System (IPM-System), das durch ein Computerprogramm unterstützt wird.

Die folgenden sind die wesentlichen Grundgedanken:

Less is More	„Weniger ist mehr"
Doing the Right Things	„Die richtigen Dinge tun"
Doing Things Right	„Dinge richtig tun"
Go Slow to go Fast	„Langsam gehen, um schnell zu sein"
Teamwork	

Der Entwicklungstrichter

Der Innovations-Prozeß kann in Form eines sog. „Funnels", eines „Entwicklungstrichters" dagestellt werden:

Das Ziel eines jeden Produkt- oder Prozeßentwicklungsprojektes liegt darin, eine Idee vom Konzept zur Wirklichkeit zu befördern, indem sie zu einem konkreten, die Marktanforderungen auf wirtschaftliche und fertigungsgerechte Weise deckenden Produkt zugespitzt wird. Der Entwicklungstrichter, der sich ja naturgemäß verengt, ist eine vereinfachte schematische Darstellung, wie an die Sache herangegangen wird, wie verschiedene alternative Entwicklungsoptionen geprüft werden und wie schließlich ein neues Produktkonzept entsteht. Er bildet den Gesamtrahmen für die Entwicklung.

An erster Stelle stehen die Ideen. Doch woher kommen denn jedes Jahr die Ideen für neue Produkte?

Das ist Aufgabe der Marketingabteilung, der Produktion und des F&E Teams; aber auch alle anderen sind dazu eingeladen, Ideen einzubringen. Es gibt die unterschiedlichsten Quellen: Teilweise läßt man sich aus Fachzeitschriften oder von Fachmessen inspirieren, teilweise holt man sich Anregungen von Schwesterfirmen, von der Konkurrenz und aus anderen Ländern. Oft liefern auch Betriebsexterne, wie Marktforschungsinstitute und Werbeagenturen, Forschungsinstitute oder Betriebsberater, die zündende Idee.

Das ganze Konzept des Entwicklungstrichters beruht auf einer Eignungsprüfung der Ideen in vielen Stadien. Die Zielsetzung besteht darin, Projekte mit hoher Erfolgschance zu beschleunigen und solche mit hoher Fehlchance so früh wie möglich zu stoppen.

Um den Schritt in die nächste Phase zu schaffen, müssen bestimmte Dokumente erstellt werden. Aufgrund eines solchen Dokuments gibt es 3 Möglichkeiten der Entscheidung: „Projekt einstellen", „Zur Entscheidung wird weitergehende Information benötigt" oder „Das Projekt geht in die nächste Phase über".

So wird die Anzahl der Projekte mit jeder Phase verringert. Von anfänglich vorhandenen 20 Ideen werden dann vielleicht 3 verwirklicht.

Die Reduktion der Projekte und die frühe Einflußnahme der Geschäftsführung kann man unter dem Kriterium **„less is more"** zusammenfassen.

8.5.3. Die Rolle der Innovationen für die Dachmarke

Eskimo ist der absolute Innovationsführer im Eiscremebereich. Am Anfang der Saison kann ein Blick auf die Preistafel dem Konsumenten verraten, welche Neuigkeiten ihn erwarten. Das ist ein wesentlicher Punkt für die Marke *Eskimo*, weil:

a) der Konsument sich darauf verläßt, die Auswahl betreffend immer das Neueste und Modernste zu bekommen und

b) wenn nicht ständig neue Produkte geboten werden, der Konsument zu demjenigen geht, der eben schon Neues zu bieten hat. Jede neue Marke innerhalb dieses Marktes zieht Konsumenten von anderen Marken ab. Man hat die Wahl zwischen Eigensubstitution oder Substitution der Konkurrenz. Fröre Eskimo sein Sortiment ein, würden die Konsumenten sukzessive abwandern.

Das beginnt schon bei einfachen Verpackungsrelaunches, die die Produkte unterstützen, und reicht bis zu radikal neuen Produkten, wie *Winner Taco*. Der Konsument erwartet ständig Neuheiten, und nur durch solche können sich das Unternehmen und die Dachmarke gegenüber der Konkurrenz und den Handelsmarken absetzen. Dabei muß das Unternehmen versuchen, den Abstand bis zum Auftreten des ersten Imitators möglichst groß zu gestalten und gleichzeitig diesen Zeitvorsprung effizient zu nutzen. Hierbei bringt ein schon gut eingeführter Markenname natürlich ungleich viele Vorteile mit sich, denn er signalisiert den Konsumenten einerseits Qualität, und andererseits hilft er das Marktpotential schneller zu erschließen. Die günstige Ausstrahlung, die einem neuen Markenartikel im Rahmen einer Dachmarkenstrategie zugute kommt, bietet hier wesentliche Vorteile. Es ist jedoch darauf zu achten, daß sich der bereits etablierte Markenname mit dem für die Produktinnovation vorgegebenen Positionierungsziel verträgt.

8.6. Availability und Visibility

8.6.1. Die Marke auf Konsumentenseite

Da im Eisgeschäft der Impulskauf eine besondere Rolle spielt (speziell im Segment Impuls Singles), ist es wichtig, starke Marken zu bieten, aber genauso wichtig ist es, dort präsent zu sein, wo der Konsument sich aufhält, der Appetit auf Eis hat. Dieser Bereich der Marketing- und Verkaufsaktivitäten wird unter den Schlagwörtern „Availability" und „Visibility" zusammengefaßt. Es geht also um das „Verfügbarsein" und das „Sichtbarsein". Es ist eine logische Folge der klaren Ausrichtung auf das Impulsgeschäft.
(siehe Abb. 29: Beispiele für gute Visibility, Seite 79)

Visibility spielt im Bereich der POS-Werbung die wesentlichste Rolle: Eis wird impulsiv gekauft. Wenn es warm ist, und der Konsument ein *Eskimo*-Schild sieht, wird sein latentes „Eis-Bedürfnis" geweckt. Hat man das erreicht, muß man auch unmittelbar verfügbar sein, also „available" sein. *Eskimo* muß da-

Die Marke Eskimo

her an möglichst vielen Orten vertreten sein – vom Greißler bis zum großen SB-Warenhaus, vom kleinsten Kiosk bis zum größten Event. Das Optimum ist natürlich, überall verfügbar zu sein, wo ein entsprechender Eisumsatz möglich erscheint. Verlangt man, daß der Konsument sein heißersehntes Eis in Groß-Enzersdorf abholen soll, wird er das nicht tun. Nur hier und jetzt will sein Wunsch nach einer kühlen Köstlichkeit erfüllt werden.

Impulseis gehört nicht zum planmäßigen Einkauf. Daher ist *Eskimo* bemüht, im Handel die Kassaplätze zu besetzen – hier kommt es am ehesten zu impulsiven Kaufakten, und der Weg zur Kassa ist kurz, das Eis schmilzt nicht bis zum Verzehr. Dort konzentriert sich auch der werbliche Auftritt auf die Dachmarke *Eskimo*. Jede Truhe ist mit dem Logo markiert; ebenso erscheint auf diversen Leuchtkästen neben den Produktabbildungen immer der Hinweis auf die Dachmarke. Die Summe aller POS-Aktivitäten ermöglicht ein gute Visibility. Zur Frage des „Visible"-Seins gehört aber natürlich auch die gute Gestaltung, zum Beispiel die Attraktivität der Preistafel. *(siehe Kapitel 8.7.: Kommunikation, Seite 81 ff.)*

8.6.2. Die Marke auf der Handelsseite

Für die Marke ist ihre Position gegenüber dem Handel ebenfalls wichtig. Damit eine Marke für den Kunden „available" und „visible" sein kann, muß sie erst durch den Filter Handel. Einer der Kernpunkte dabei ist die Kommunikation der Stärke und der Position der Marke *Eskimo*: Der Konsument kennt die Marke, er kennt sie seit vielen Jahren, er hat Vertrauen in sie und in ihre Qualität. Die Sympathiewerte sind extrem hoch *(siehe Kapital 8.12.: Marktforschung, Seite 113 ff.)*. Es gilt daher immer zu unterstreichen, wie stark die Position der Marke *Eskimo* im Kopf der Konsumenten verankert ist. Je stärker nämlich die Marke bei den Konsumenten etabliert ist, desto überzeugender kann *Eskimo* gegenüber dem Handel auftreten, und in Folge kommt *Eskimo* auch wieder mehr zum Konsumenten. Das stärkt natürlich weiter das Bild der Marke *Eskimo*.

Wenn man heute den Handel als Gatekeeper zum Konsumenten ansieht, ist automatisch eine starke Stellung der Marke im Handel die erste und wichtigste Voraussetzung für eine starke Stellung der Marke gegenüber dem Konsumenten.

Der Handel bestimmt sein Imageprofil bei den Verbrauchern im wesentlichen über die Produkte und Marken, welche er anbietet. Die Verhandlungsposition eines Markenherstellers ist daher günstiger als die eines Nicht-Markenproduzenten.

Die Erfolgsfaktoren der Marke Eskimo

Abb. 29:
Beispiele für
gute Visibility

Die Marke Eskimo

Abb. 30: Handelsinserate Eskimo 1999

Bei der Handelsbearbeitung konzentriert man sich gezielt auf die Dachmarke *Eskimo*. Die Einzelmarken stehen dabei eher im Hintergrund, denn der Handel spricht von *Eskimo* generell. Die starke Dachmarkenorientierung spiegelt sich auch in der Kommunikation in den Handelsmedien wider. Die großen Handelsmedien, die in Österreich existieren, sind auch die Medien, über die *Eskimo* mit dem Handel kommuniziert (z. B. *C.A.S.H., Regal, LK-Handelszeitung* und *Key Account*).

Bei der Gestaltung der Handelsinserate konzentriert man sich auf die Dachmarke *Eskimo*. Als Absender spiegelt sie die Größe und Bedeutung der Marke und des Unternehmens wider. Sie ist die Basis für Unternehmenserfolg, Innovation und Glaubwürdigkeit. Die Dachmarke wird mit ihrer gelernten starken Corporate Identity bewußt eingesetzt.

Zusätzlich zu den Handelsinseraten gibt es Verkaufsfolder, die meist durch Reisende dem Handel übergeben werden. Der Auftritt nach außen steht auch hier immer unter dem Dach der Marke *Eskimo*, um so den höchstmöglichen Effekt zu erzielen.

Österreichs Handel ist einer der am stärksten konzentrierten in Europa; *Billa* und *Spar* sind die beiden größten Handelsorganisationen in Österreich, die mehr als die Hälfte des Marktes repräsentieren. Auch *Eskimo/Iglo* wickelt große Teile seines Geschäfts über diese beiden Handelspartner ab.

Der Handel steht starken Marken positiv gegenüber. Sie unterstützen ihn dabei, Kunden in seine Geschäfte zu holen; starke Marken, die der Konsument schätzt und gezielt nachfragt, sichern den Absatz und sind daher unentbehrlich für den Handel. Schwache Marken können durch Eigenmarken ersetzt werden. Alles, was *Eskimo* in Konsumentenwerbung und Markenaufbau investiert, kommt daher auch dem Handel zugute.

8.7. Kommunikation

Die wesentlichste Investition in eine Marke ist die Kommunikation. Sie dient der „Persönlichkeitsbildung" der Marke, sie bildet den Charakter der Marke, der diese unverwechselbar macht. Zur Realisierung kommunikativer Ziele stehen einem Unternehmen mehrere Kommunikationsinstrumente zur Verfügung: klassische Werbung und Werbung am POS, Öffentlichkeitsarbeit, Product Placement, Sponsoring, Event Marketing und andere.

Der Erfolg einer Werbekampagne hängt sowohl von der Gestaltung der Werbemittel (Anzeigen, Rundfunkspots, TV-Spots, Warenpräsentationen, ...) als auch von deren Verbreitung durch die Werbeträger (Zeitungen, TV, Rundfunk, Plakatwand, ...) ab.
Neben der klassischen Kommunikation gewinnt die Werbung direkt am POS in den letzten Jahren stark an Bedeutung.

8.7.1. POS/Eskimo-Preistafelgalerie

Ganz intensiv wird am Point of Sale geworben, wobei dazu eine Reihe von Maßnahmen gehört, wie die Bereitstellung geeigneter Warenträger (*Eskimo* hat eigene Eistruhen) oder werblicher Verkaufshilfen (Fahnen etc.). Das wichtigste Werbemittel in diesem Bereich ist die Preistafel. Sie ist konkret das visuelle Zeichen, das Konsumenten üblicherweise als erstes zu *Eskimo* einfällt.

Für das Konzept der Dachmarkenstrategie gibt es kein deutlicheres Zeichen als die Preistafel. *Eskimo* mit seiner Philosophie ist das Dach, die Marke wird optisch oben plaziert. Eindeutig ist die Strategie ersichtlich, die dahinter steht: unter der Dachmarke *Eskimo* einzelne starke Marken zu positionieren.
Wir sehen zentral die 3 großen wichtigen Marken *Magnum, Solero* und *Cornetto*, aber auch alle Marken, die nicht extra beworben werden, wie zum Beispiel *Jolly* und *Twinni*.
Der Weg zur heutigen Preistafel ist von viel Lernen und Versuchen geprägt. Die Kunst der Produktphotographie, geschweige denn der Eisphotographie, war zu Beginn der Eisära noch sehr bescheiden. Auch die Anordnung der Produkte ebenso wie die Farben und das Layout haben im Laufe der Jahre große Veränderungen erfahren.
Die folgende Preistafelgalerie spannt den Bogen von den Anfängen bis in die Gegenwart. Betrachtet man z. B. den optischen Aufbau im Jahre 1970, ist für damals die gemeinsame Darstellung aller Einzelmarken auf einer Tafel charakteristisch, was durch das zu dieser Zeit noch kleinere Sortiment möglich war. Eine Trennung zwischen Impuls- und Hauspackungsware besteht lediglich in einer farblichen Trennung des Hintergrundes. Die Markennamen in einem einheitlichen Schriftzug fallen nicht besonders auf. Aber schon damals sticht die Dachmarke *Eskimo*, auch symbolisch als Dach oben dargestellt, heraus. Immer schon hat man es verstanden, dieses wertvolle Kapital bewußt zu nutzen. Und immer schon werden die Produkte teilweise ohne Verpackung gezeigt, um dem Konsumenten Appetit auf die „kühle Köstlichkeit" *Eskimo*-Eis zu machen.

Die Erfolgsfaktoren der Marke Eskimo

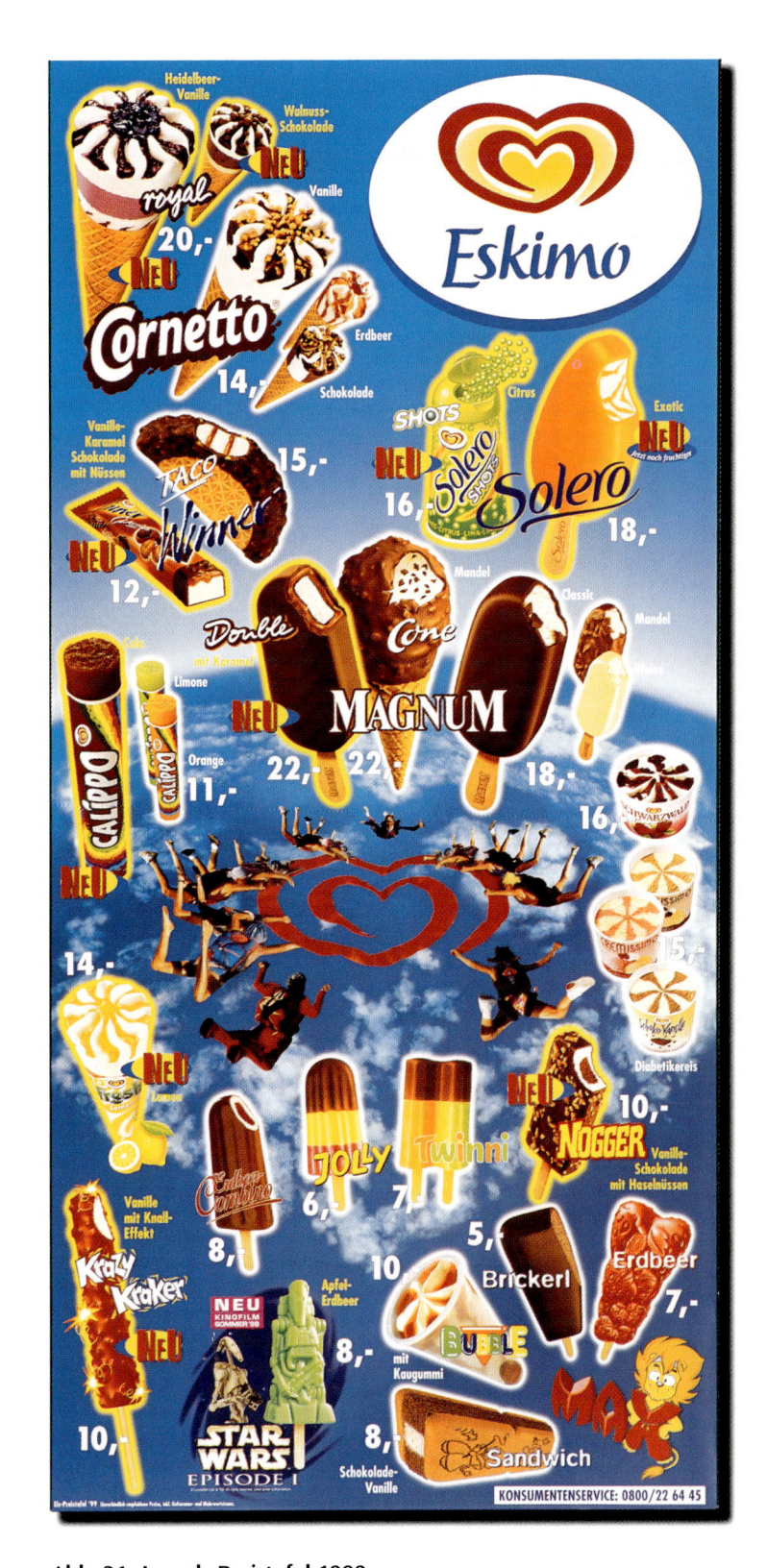

Abb. 31: Impuls Preistafel 1999

Die Marke Eskimo

Eskimo-Preistafelgalerie von 1950–1999

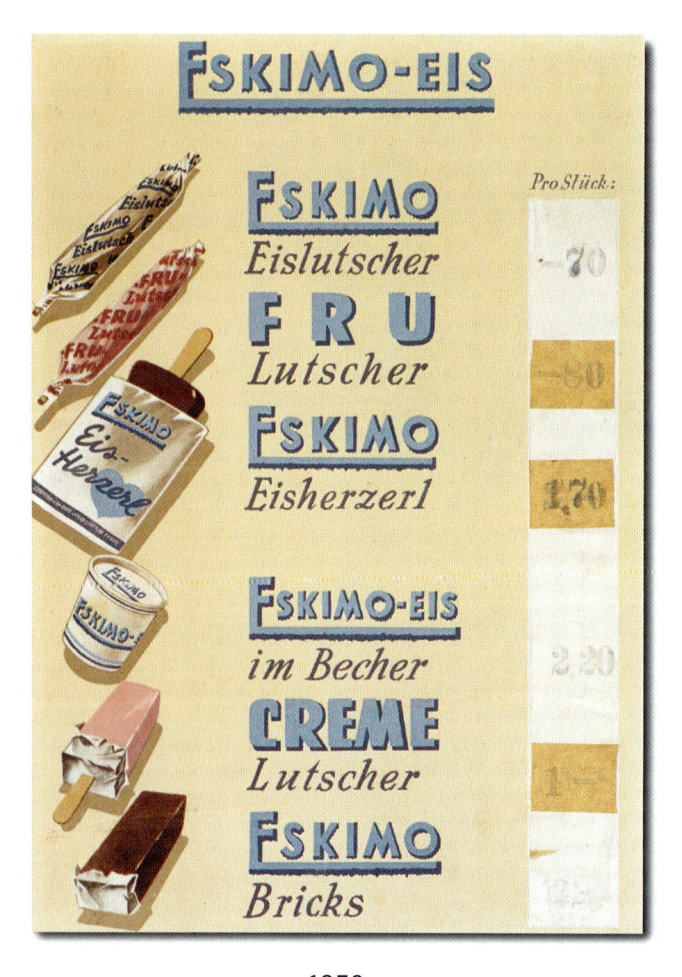

1950

1960

Die Erfolgsfaktoren der Marke Eskimo

1965

1966

1967

1968

1969

Die Marke Eskimo

1970

1971

1972

Die Erfolgsfaktoren der Marke Eskimo

1973   1974   1975

1976   1976/77 Winter   1977

Die Marke Eskimo

1977/78 Winter

1978

1978

1978/79 Winter

1979

1979

Die Erfolgsfaktoren der Marke Eskimo

1980

Die Marke Eskimo

1981	1981	1982
1982	1983	1983

Die Erfolgsfaktoren der Marke Eskimo

1984   1984   1985

1985   1986   1986

Die Marke Eskimo

| 1987 | 1987 | 1988 |
| 1988 | 1989 | 1989 |

Die Erfolgsfaktoren der Marke Eskimo

1990   1990

Die Marke Eskimo

1991

1991

1992

1992

1993

1993

94

Die Erfolgsfaktoren der Marke Eskimo

1994

1994

1995

1995

1996

1996

Die Marke Eskimo

1997

1997

1998

1998

1999

1999

Die folgenden Jahre bringen keine großen Änderungen mit sich. Das Layout und die Farben ändern sich ein wenig, aber noch immer sehen wir alle Marken – zwar in Produktgruppen eingeteilt – auf einer Tafel.

Im Jahre 1978 tritt zum ersten Mal die Farbe Blau (die sich, wie wir sehen werden, bis heute gehalten hat) als Hintergrund der Preistafel auf, und zum ersten Mal bestehen getrennte Tafeln für Impulseis und Hauspackungen.

Die Farbe Blau soll Gedanken an Meer, Kühle, Erfrischung, in weiterer Folge dann an Sommer, Sonne und Urlaub hervorrufen, sie soll das freudige Erlebnis, ein Eis zu essen, widerspiegeln. Dieses Blau, das am Anfang als Himmel dargestellt ist, entwickelt sich im Laufe der Zeit zu einem Strand mit Palmen – man sieht Meer, Strand und Himmel. Gleichzeitig mit der Einführung der blauen Farbe erhält die Tafel auch eine Preisstruktur – oben werden die Premium-Marken abgebildet, unten günstigere Kinderprodukte.

In den 80er Jahren beginnt erstmals eine schriftmäßige Hervorhebung der Markennamen der Einzelmarken – nach und nach bekommt jede Einzelmarke ihren charakteristischen Schriftzug.

1985 wird der nächste wichtige Schritt in Richtung der heutigen Eistafel gesetzt: Zum ersten Mal wird eine Person abgebildet, man hat erkannt, daß der menschliche Touch eine wesentliche Rolle spielt. Der Konsument braucht Augen, die einen anschauen und zum Genuß verführen. Aus der anfangs alleine abgebildeten Frau wird schließlich ein Paar oder eine Familie, denn schließlich bedeutet Eisessen auch „Familienglück".

Die heutige Preistafel, die immer stärker durch internationale Guidelines geprägt wird, ist ganz klar gegliedert: Oben, als symbolisches Dach, steht die Hausmarke *Eskimo*, darunter sind die Stützen, die Einzelmarken, mit einer Hierarchie von qualitativ hochwertigen Produkten (oben) bis hin zu den „Kinderprodukten" (unten) dargestellt.

Auch in dem seit 1978 getrennt dargestellten Hauspackungsbereich wird die Dachmarke immer bewußt in den Vordergrund gestellt. Heute steht das Markenzeichen, wie auch bei der Impulspreistafel, am Kopf des Schildes.

8.7.2. Klassische Werbung

Jede Einzelmarke hat ein gewisses Image, und es werden emotionale Werte mit ihr verbunden. Doch bevor sie von diesen emotionalen Werten auch etwas an die Dachmarke abtreten kann, muß man eine Einzelmarke mit emotionalen Werten aufladen. Über die Werbung kann einem Produkt etwas von

Die Marke Eskimo

Emotionalität, Gefühl oder Einstellung mitgegeben werden. Unsere Eindrücke enthalten dann nicht unbedingt die Beschaffenheit der Dinge, sondern die individuelle Art und Richtung der Auffassung der Dinge. Diese emotionalen Werte können am besten durch klassische Werbung auf ein Produkt übertragen werden.

Dabei muß das Gerüst Dachmarke-Submarke immer bedacht werden. So wird auch in der klassischen Werbung immer die Dachmarke unterstützt. Das kann in einer eigenen *Eskimo*-Kampagne oder auch einfach als Absender in den verschiedenen Einzelmarken-Kampagnen erfolgen.

Als Beispiel dient der nachfolgende *Eskimo*-Hörfunkwerbespot, der sowohl einzelne Marken als auch sehr betont die Dachmarke unterstützt.

Eskimo Image Spot:

Jingle: *So schmeckt nur eines ...*
  ... Eskimo

Sie: *Lieben Sie immer nur das eine?*
  Oder probieren Sie jedes Jahr was Neues?
  So oder so: Eines wissen Sie ja sowieso.
  So gut schmeckt nur eines ...
  ... Ihr Lieblingseis von Eskimo.

Jingle: *So schmeckt nur eines ...*
  ... Eskimo
  Und jeder weiß ...
  ... Eskimo ...
  ... hat unser Lieblingseis.

Umrahmt ist der Spot immer von einem Jingle – dieser symbolisiert das Dach, die Marke *Eskimo,* unter dem die Einzelmarke steht, sei es die Ankündigung von Neuprodukten, sei es die Bekanntmachung von günstigen Angeboten im Supermarkt, sei es eine Kinderpromotion. Mit jeder der Produktaussagen wird gleichzeitig etwas für die Dachmarke *Eskimo* getan.

Cremissimo

Jingle: *So schmeckt nur eines ...*
  ... Eskimo

Die Erfolgsfaktoren der Marke Eskimo

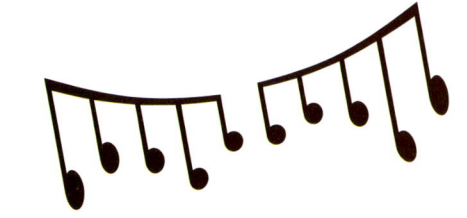

Er: Wo findest Du heute noch die Crème de la crème?
Also ganz unter uns ... beim Cremissimo ...
dem herrlichen cremigen Eisgenuß.
Und die Schokosauce gibt's jetzt gratis dazu.

Jingle: So schmeckt nur eines ...
... Eskimo
Und jeder weiß ...
... Eskimo ...
... hat unser Lieblingseis.

Magnum
Jingle: So schmeckt nur eines ...
... Eskimo

Er: Was ist das Schönste,
wenn Du etwas besonders liebst? Genau!
Wenn's das auch noch gratis gibt.
Magnum im Multipack.
Drei plus eins gratis.

Jingle: So schmeckt nur eines ...
... Eskimo
Und jeder weiß ...
... Eskimo ...
... hat unser Lieblingseis.

Viennetta:
Jingle: So schmeckt nur eines ...
... Eskimo

Er: Was läßt Du Dir jetzt
auf der Zunge zergehen?
Na, den Viennetta-Aktionspreis.
Jetzt fünf Schilling günstiger.
Da kriegt man Lust auf mehr.

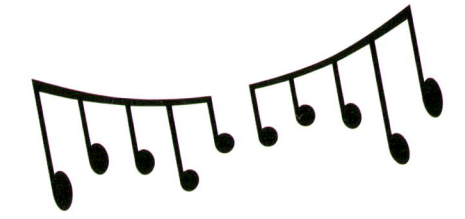

Die Marke Eskimo

Jingle: *So schmeckt nur eines ...*
... Eskimo
Und jeder weiß ...
... Eskimo ...
... hat unser Lieblingseis.

Quaxi:
Jingle: *So schmeckt nur eines ...*
... Eskimo

Er: *Was ist das Lustigste bei einer Kinderparty?*
Na, das viele Quaxi-Eis und daß Du damit
gleich Deine eigene Party gewinnen kannst.
Gewinnkarten überall dort,
wo's Quaxi gibt.

Jingle: *So schmeckt nur eines ...*
... Eskimo
Und jeder weiß ...
... Eskimo ...
... hat unser Lieblingseis.

Es galt die Position von *Eskimo* als die beliebteste Eismarke der Österreicher auszubauen. *Eskimo* sollte im Bewußtsein der Verbraucher zu der Eismarke schlechthin werden. Weil alleine *Eskimo* das Beste in punkto Qualität, Tradition, Vielfalt und Produktneuigkeiten bietet, fiel es den Kreativen der Werbeagentur *Ogilvy & Mather* leicht, den ultimativen Anspruch zu erheben:

So schmeckt nur eines – Eskimo ...

Eine harmonische Darstellung und eine einheitliche Struktur sind das Wesentlichste für das Auftreten als Dachmarke. So findet sich natürlich auch bei der Plakatkampagne von 1996, der größten Plakataktion, die das Unternehmen je unternahm, der Kernspruch „So schmeckt nur eines" wieder. Außerdem ist das Logo auf sämtlichen Plakaten der sogenannten Eisgalerie abgebildet. Somit ist der Absender klar ersichtlich: *Eskimo*. Die Struktur und die Elemente, mit denen das Plakat aufgebaut ist, kommen ganz klar von *Eskimo*. Damit ist *Eskimo* auf jedem der Pla-

Die Erfolgsfaktoren der Marke Eskimo

kate, auf denen eine Mischung aus Klassikern (*Twinni*) und Neuheiten (*Red Shark*) abgebildet ist, gleichberechtigt vertreten. (*siehe Plakat-Kampagne 1996*)

Jeden Monat werden mittels einer Befragung in der österreichischen Bevölkerung zwischen 14–70 Jahren (bei einem Sample von 1.000 Befragten, repräsentativ für die österreichische Bevölkerung) die Werte Recall, Impact, spontane Markenzuordnung, Akzeptanz und Kommunikationsleistung untersucht.

Im Juni 1996, um ein Beispiel zu nennen, erzielten die *Eskimo*-Sujets eine deutlich über dem nationalen Durchschnitt aller Plakate liegende Erinne-

Plakat-Kampagne 1996

rungsleistung, was sich sowohl in den erhobenen Recall-Werten (47 % *Cornetto*, 42 % *Twinni*, 30 % *Yin-Yang*, 32 % *Red Shark*, sowie 27 % *Panda*) als auch im Wiedererkennungswert niederschlägt. Bei der Messung der impactstärksten Kampagnen konnten die *Eskimo*-Sujets gleich die ersten 3 Plätze belegen (die Marke *Cornetto* mit 29 %, *Twinni* mit 26 % und *Red Shark* mit 21 %).

Auch bei den Recognition-Werten liegen die *Eskimo*-Sujets überdurchschnittlich hoch. Immerhin 64 % der Befragten gaben an, das Sujet *Cornetto* gesehen zu haben, und 55 % konnten sich an das Sujet *Twinni* erinnern. Mit 41 % bzw. 39 % liegen auch die Sujets *Red Shark* und *Yin-Yang* sowie das Sujet *Panda* mit 37 % deutlich über dem nationalen Durchschnitt von 35 %. Beim Erhebungsparameter „Spontane Markenzuordnung" (die Befragten mußten dabei hinsichtlich der Marken und Firmen anonymisierte Plakate wiedererkennen und dem konkreten Absender – der Marke *Eskimo* in diesem Fall – zuordnen) war, wie auch in den anderen Parametern, *Cornetto* das beste Sujet des Monats. Mit 62 % der Befragten, die den richtigen Absender zuordnen konnten, wurde auch hier ein Spitzenwert erreicht.

Als ein Zeichen der Unverwechselbarkeit kann interpretiert werden, daß die *Eskimo*-Sujets auch bei anonymisierter Vorlage dem richtigen Absender – der Dachmarke *Eskimo* – zugeordnet werden konnten.

Am Beispiel der 99er *Cremissimo*-Kampagne soll im folgenden kurz die Entwicklung eines TV-Spots dargestellt werden. Die Aufgabenstellung zu der im Sommer 1999 gelaufenen Kampagne für *Cremissimo* sah folgendermaßen aus: Die Kampagne sollte „eine so starke Beziehung zwischen Konsumenten und der Marke schaffen – und quasi eine ‚Ehe stiften' –, daß damit *Cremissimo* (und seine Marktanteile) gegenüber eindringendem und stärker werdendem Mitbewerb unverwundbar wird. Die Plattform, auf der *Cremissimo* immer war (und noch ist) – seine unüberbietbare Cremigkeit –, durfte dabei nicht verlassen werden" *(Ogilvy & Mather)*. *Cremissimo* sollte zu einer zeitgemäßen, modernen Marke gemacht werden. Zusätzlich sollte ein emotionaler Nutzen zur Marke hinzuaddiert werden: „Wohlbehagen".

Der Produktnutzen „Cremigkeit" ist eine Dimension, die sich, nur verbal gelebt, schnell verbraucht. Daher mußte die Cremigkeit atmosphärisch und optisch dargestellt und in Einklang mit dem gefühlsmäßigen Erleben der Marke, dem „Wohlbehagen", gebracht werden. Was rational bekannt war, mußte emotional umgesetzt werden. Man behielt bei der Kampagne 1999 das den rationalen USP, die Cremigkeit, unterstreichende „key visual", die sog. „Löffel-Locke", bei.

Die Erfolgsfaktoren der Marke Eskimo

Durch den ganzen Spot begleitet uns ein angenehmer, „cremiger Musikgenuß", alle Szenen spielen sich in sanften Bildern ab. Der Slogan „Cremissimo. Der cremigste Genuß der Welt" unterstützt die Aussage verbal.

Die Submarke *Cremissimo* stellt eine der Säulen der Dachmarke *Eskimo* dar. *Cornetto* oder *Magnum* sind beispielhafte internationale Marken. Die Gestaltung der Werbung erfolgt auf europäischer Ebene, sie wird jedoch für den

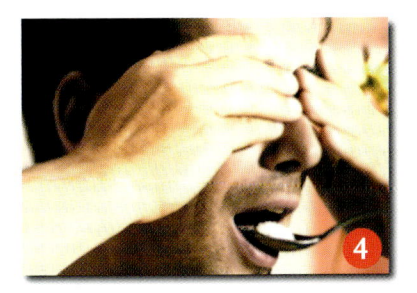

Abb. 32: TV-Werbung Cremissimo 1999

Abb. 33: 24-Bogen-Plakat Cremissimo 1997

Abb. 34: 24-Bogen-Plakat Cremissimo 1998

österreichischen Markt und die nationalen Bedürfnisse adaptiert. So wurde 1999 eine Plakatkampagne für *Magnum* in Österreich entwickelt, die internationales Bildmaterial verwendete, aber durch Format (72 Bogen) und eine ganz eigenständige graphische Umsetzung auffiel.

Im Bereich TV könnte *Eskimo* in Österreich zwar auch die deutsche Fassung übernehmen, doch stößt allein schon eine österreichische Stimme auf mehr Akzeptanz in Österreich als eine deutsche.
Natürlich wird auch die Marke *Cornetto* mittels Fernsehspots beworben. 30 Sekun-

Abb. 35: 72-Bogen-Plakat Magnum 1999

Abb. 36: TV-Werbung Cornetto 1999

den dauert der Werbefilm, der aus Italien kommt. Eine kleine Geschichte um den Liebesgott Amor vermittelt das „Feeling" von *Cornetto*. Im Vordergrund steht dabei das „Sich-Ineinander-Verlieben". Bei einem dafür eigens vom Österreichischen Gallup-Institut durchgeführten Impact-Test ergab sich ein hoher Impact-Wert. Als zentrale Filmaussage interpretierten die Respondenten einerseits „gut schmeckendes Eis", andererseits wurde auf „Gefühle, Liebe und Sentimentalität" Bezug genommen.

8.7.3. Die Verpackung

Verpackungen sind eines der vielfach unterschätzten Werbemittel, die zur Verfügung stehen. Denn wenn man etwa davon ausgeht, daß viele Millionen *Cornetto*

Abb. 37: Magnum TV-Werbung 1998

im Jahr verkauft werden, dann bedeutet das viele Millionen Kontakte im Jahr allein über die Verpackung. Es ist ein relativ kurzer und relativ unbewußter Kontakt, er ist jedoch sehr stetig, verläßlich und mit keinen Mehrkosten verbunden. Die Kaufentscheidung wird am Point of Sale beim reinen Impulskauf im Wettbewerbsumfeld wesentlich durch die Verpackung eines Produktes beeinflußt. Die Art, wie auf einer Verpackung das Produkt, die Positionierung, die Marke oder die Dachmarke dargestellt wird, wirkt ständig auf den Konsumenten ein, sie muß daher gut überlegt sein. Es muß entschieden werden, ob und zu welchem Anteil die Verpackungsgestaltung folgendes darstellen und ausdrücken will:
- die Marke und ihre Markenpersönlichkeit;
- den Produktinhalt;
- für welche Zielgruppe das Produkt gedacht ist.

Im allgemeinen soll eine Verpackung informativ, sympathisch, unkompliziert und aufmerksamkeitsstark sein und das Produkt im Konkurrenzumfeld präsentieren. Nach dem Siegeszug des Selbstbedienungskonzeptes im Einzelhandel müssen sich die Produkte mehr oder weniger „von selbst" verkaufen. An die Gestaltung eines modernen Verpackungsdesigns sind daher besonders hohe Ansprüche zu stellen.

Über das Mittel der Verpackung soll dem Konsumenten immer wieder die Dachmarke *Eskimo* ins Gedächtnis gerufen werden. Es stellt sich die Frage: Tut die Einzelmarke etwas für die Dachmarke, oder tut die Dachmarke etwas für die Einzelmarke? Danach orientiert sich der Grad, wie sich Dachmarke und Einzelmarke in ihrem Verhältnis zueinander darstellen.

Magnum ist mittlerweile eine relativ eigenständige Marke, es bedarf nicht mehr der Garantie, die *Eskimo* als Gütestempel gibt. Die Marke *Magnum* hat heute eine Position erreicht, die wiederum etwas für *Eskimo* tut. *Magnum* gilt als eines der modernsten Eiscremeprodukte. Dieser Wert, den *Magnum* geschaffen hat, soll natürlich auch auf *Eskimo* rückgeführt werden.

Magnum hat sich also zu einer sehr eigenständigen Marke entwickelt. Sie könnte heute schon ohne den Absender *Eskimo* existieren. Der Rücktransport auf die Marke *Eskimo* ist jedoch sehr wichtig. Läßt man *Eskimo* immer nur absenden, würde die Marke *Eskimo* irgendwann einmal leer sein. Um nun den Imagetransfer von *Magnum* zurück auf die Dachmarke *Eskimo* sicherzustellen, bleibt das *Eskimo*-Logo auf jeder Verpackung präsent.

Eine andere Aufgabe der Verpackung ist die Zielgruppenansprache. Schaut man sich beispielsweise die Verpackung von *Calippo* an, ist diese ganz klar auf seine jugendliche Zielgruppe getrimmt. Der *Schwarzwaldbecher* hingegen ist durch sein Design eindeutig auf eine ältere Zielgruppe zugeschnitten.

Weiters ersetzt die Verpackung das klassische Verkaufsgespräch im heutigen Selbstbedienungsgeschäft. Sie muß daher Aufmerksamkeit wecken, Produkteigenschaften kommunizieren, Vertrauen bilden und zum Kauf auffordern. Der spontane Eindruck ist gerade für den Impulskauf von eminenter Bedeutung.

Die Verpackung hat nicht nur Informations- und Werbefunktion zu erfüllen, sondern auch eine Funktion im klassischen Sinn:
Sie soll den Erfordernissen der Automatisation (bei Produkt und Verpackung) entsprechen, den Anforderungen der Distribution in Format und Stabilität gerecht werden, optimale Lagerungsformen ermöglichen und eine wirksame Präsentation erlauben. Weiters soll sie vor Beschädigung oder Verderb schützen.

Ein *Solero* in einer Papierverpackung würde dazu führen, daß das Papier immer am Eis klebt, deshalb wurde Kunststoff gewählt. Bei *Cornetto* wird die Tüte mit Schokoladencouvertüre ausgesprüht, damit die Waffel knusprig bleibt.

Die Verpackung muß in ihrer optischen Erscheinung, aber auch in ihrer Funktionalität sehr hochwertig sein. Sie trägt in diesem Fall ganz wesentlich zur Produktqualität bei.

8.8. Qualitätsmanagement

Die hohe Qualität der Produkte war und ist ein Garant für den Erfolg der Marke *Eskimo* und hat sie zum führenden Anbieter von Speiseeis gemacht. Gleichbleibende Qualität gibt dem Konsumenten Sicherheit und schafft Vertrauen, was sich wiederum auf die Stärke der Marke auswirkt. Je stärker und angesehener die Marke dann ist, desto stärker wird auch der Druck zur Qualitätsverpflichtung. Heute wird unter Qualitätssicherung nicht ein „Gesundprüfen" der Produkte verstanden, sondern vielmehr die Verhütung von Fehlern in allen Produktlebensphasen.

8.9. Der Geschmack

Beim Eis ist ein wesentlicher Produktfaktor der Geschmack, denn er ist ausschlaggebend für die Akzeptanz und Auswahl durch den Konsumenten und spielt vor allem bei der Markenführung eine wichtige Rolle.
Der Erfolg eines Eises hängt zu zwei Dritteln davon ab, ob es den Leuten schmeckt. Geschmacksmäßig sind viele Varianten notwendig.
Vanille, Schokolade, Erdbeer sind die klassischen Geschmacksrichtungen. *Eskimo* hat auf diesem Gebiet ein besonders großes Know-how und hat den Markt geprägt. So war beispielsweise mit dem Erfolg der Einzelmarke *Twinni* klar: Ein Eis mit einem Birne-Orange-Geschmack muß im Sortiment sein, damit der Konsument und daher auch der Handel Interesse haben.
Es ist erwiesen, daß *Eskimo* den Geschmack der Österreicher besser kennt als jeder andere, der sich mit Eiscreme beschäftigt. Der Erfolg spricht für sich selbst: *Eskimo* trifft den Geschmack der Konsumenten.
Würde der Bevölkerung Eskimo-Eis nicht besser schmecken als das der Konkurrenz, wäre *Eskimo* nicht Marktführer. Wenn das Eis nicht schmeckt, wird es nicht wieder gekauft.

8.10. Preispolitik

Eskimo ist Preisführer im österreichischen Markt, zumindest was den Impulsbereich betrifft. Wie *Eskimo* seine Preise gestaltet, daran orientiert sich die Konkurrenz.

Die Erfolgsfaktoren der Marke Eskimo

Die Preispolitik kann als Premiumpreispolitik bezeichnet werden, das heißt es werden Produkte von „hoher Qualität" zu einem Premiumpreis angeboten.
Wenn man sich die Preise von sog. Handelsmarken – man spricht davon, wenn ein Handelsunternehmen Eigentum an einer Marke als Warenzeichen hat – ansieht, so liegen diese regelmäßig deutlich unter den Preisen der Markenartikel. In Österreich steht die Entwicklung von Handelsmarken im Eisbereich allerdings noch am Anfang.

Eskimo hat eine relativ ausgeprägte und über alle Bereiche reichende Premiumpreispolitik, die sich mit den klassischen, in jedem Lehrbuch nachzulesenden Argumenten begründen läßt.
Ein Markenartikel stellt beim Konsumenten eine bekannte Konstante dar. Er besteht aus den beiden Bestandteilen „Artikel" (dem eigentlichen Produkt mit seinen stofflichen Qualitäten) und „Marke" (den immateriellen, kommunikativen Komponenten). Ein Markenartikel liefert das Versprechen, auf Kundennutzen ausgerichtete Leistungen standardisiert in gleichbleibender Qualität zu offerieren.

Unbestritten in Theorie und Praxis ist heute, daß ein Produkt nur dann als Markenartikel angesehen werden kann, wenn folgende Merkmale vorliegen:
- Markierung;
- gleichbleibende Qualität;
- gleichbleibende Quantität;
- gleiche Aufmachung;
- überregionaler Vertrieb;
- Verbraucherwerbung;
- hoher Bekanntheitsgrad.

Der Unterschied zwischen Handelsmarke und Markenartikel rechtfertigt die Preispolitik und damit das Preispremium. Diese Voraussetzungen sind sicherlich erfüllt.
Im Impulsbereich hat *Eskimo* eine Preispolitik, die nur ganze Schillingpreise berücksichtigt. Im Multipackungs- und Hauspackungsbereich gibt es aber sehr wohl den Groschenbereich – z. B. öS 49,90.
Gegenüber Handel und Konsumenten wird die Preispolitik sehr stark durchgesetzt. Was ein Halten der Preise betrifft, sind kaum Fälle bekannt, wo ein Impulsprodukt unter den von *Eskimo* verbreiteten Endverbraucherpreisen abgegeben wurde. Allerdings finden wir Orte, an denen das Eis teurer verkauft wird. Dabei handelt es sich fast ausschließlich um Outlets im sog. Freizeitbe-

Die Marke Eskimo

Abb. 38: Preistafel Familienpackungen 1999

reich (z. B. Schwimmbäder und Kioske). Hier werden aber nahezu alle Produkte und Marken deutlich über den Preisen des Lebensmittelhandels verkauft. Eine Schleuderpreispolitik würde dazu führen, daß dem Vertrauen des Kunden in die vertraute Gestalt seiner Marke geschadet wird.

8.11. Logistik

Logistik ist der Kernpunkt für die Verfügbarkeit. Wir haben schon gehört, wie wichtig es für eine Marke ist, „available", also verfügbar zu sein. Eine breite

Abb. 39: Preistafel Vorratspackungen 1999

Distribution fördert den Bekanntheitsgrad einer Marke und trägt zu einer noch festeren Verankerung im Bewußtsein der Verbraucher bei. Aber diese „Availability" muß erst hergestellt werden.
Eskimo-Iglo hat ca. 6.500 Lebensmittelhandelskunden und über 20.000 Gastronomiekunden. Wie gelangt nun das Eis dorthin? Unternehmen, die sich auf Tiefkühlkostdistribution spezialisiert haben, übernehmen die sogenannte Grob- und Feindistribution. Ihre zentralen Tiefkühllager werden direkt mittels Sattelschleppern beschickt. Von dort aus wird dann die Feindistribution gesteuert.

Die Marke Eskimo

Abb. 40: Eskimo-LKW

Die Lagermöglichkeiten in den Lebensmittelgeschäften sind begrenzt, daher müssen diese Outlets in regelmäßigen Intervallen feindistribuiert beliefert werden.
(siehe Abb. 41: Stationen der Tiefkühlkette und 42: Die lückenlose Tiefkühlkette)

Nach eingehenden Studien und Tests am Markt wurde beschlossen, das Impulseis im traditionellen Bereich (Kioske, Tankstellen, Imbißstuben etc.) sowie das Catering-Eis über sog. „Konzessionäre" zu verkaufen und auszuliefern. Konzessionäre sind Vertriebspartner, die im eigenen Namen und auf eigene Rechnung arbeiten.
Vor 10 Jahren hat die Idee mit 4 Konzessionären begonnen, jeder mit einem Fahrzeug und praktisch nur mit Kleineis. Daraus hat sich ein flächendeckendes Netz entwickelt. 23 Konzessionäre

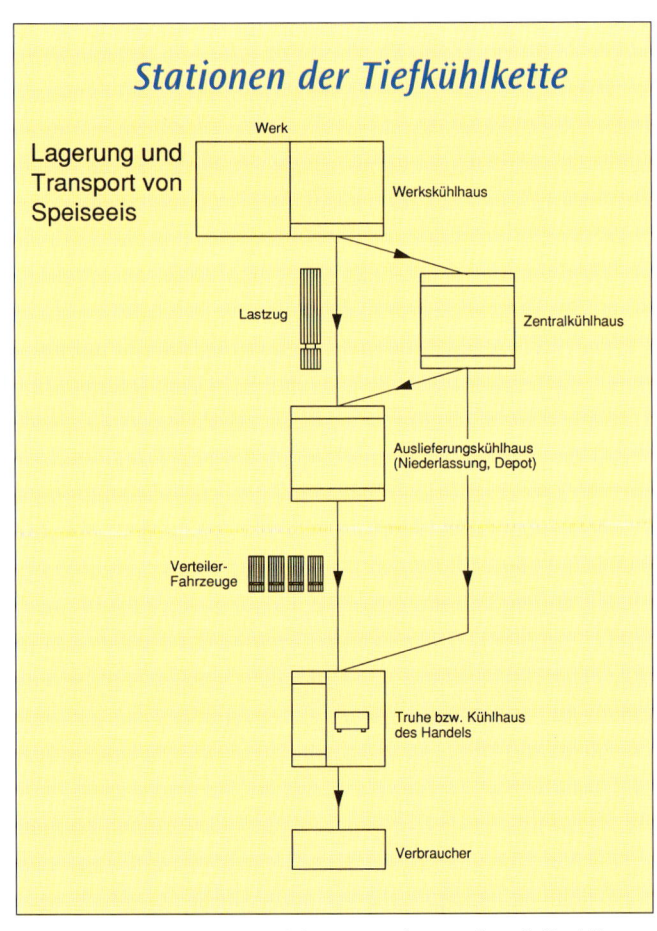

Abb. 41: Stationen der Tiefkühlkette

Eine lückenlose Tiefkühlkette über ganz Österreich garantiert für erntefrische Qualität

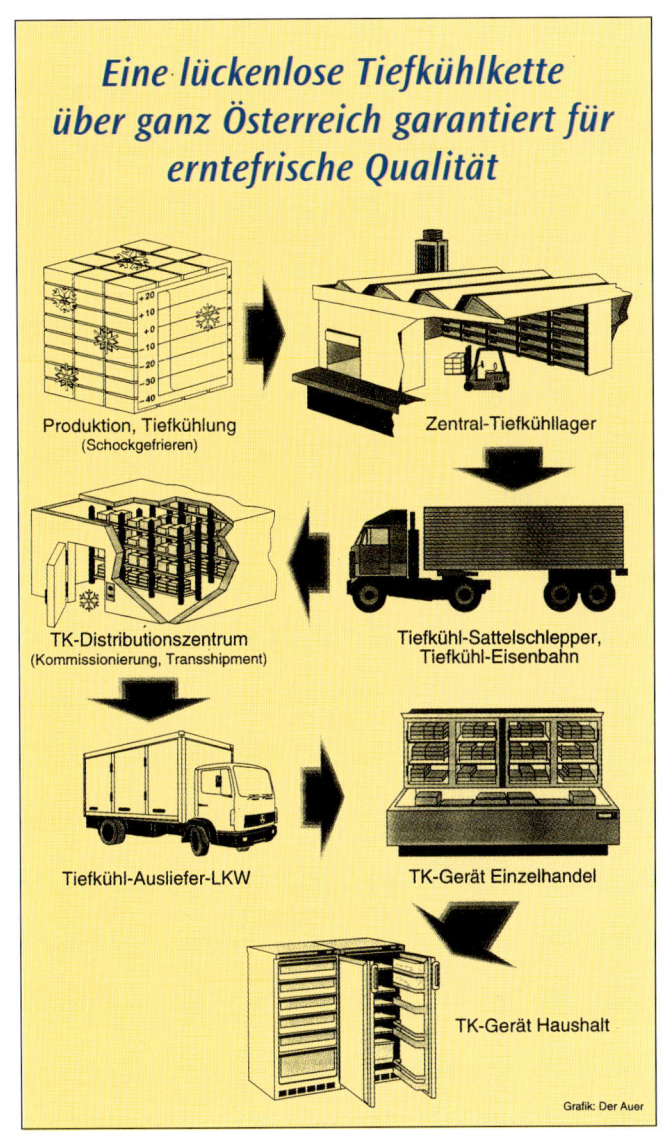

Abb. 42: Die lückenlose Tiefkühlkette

betreuten 1998 mit 100 Fahrzeugen mehrere tausend Kunden, und das – wenn der Wettergott will – 7 Tage in der Woche, denn viele Freizeitbetriebe haben an jedem Wochentag Saison.

8.12. Marktforschung

„Marktforschung ist die systematische Untersuchung und Beobachtung der Marktfaktoren (Bedarf, Konkurrenz, Absatzwege) auf dem Absatz-, Beschaffungs- und Kapitalmarkt als Grundlage für unternehmerische Entscheidungen." (Neske 1983).

Eskimo ist sicher das Unternehmen, das in Summe am meisten über den österreichischen Eiscrememarkt weiß. Wesentliche Quelle für dieses Wissen sind umfangreiche Marktforschungsstudien.

ad) quantitative Marktforschung
Produkttests, Konzepttests, Sonderstudien. Mittels standardisierter Untersuchungsmethoden werden Daten

Was wird an regulärer Marktforschung gemacht?

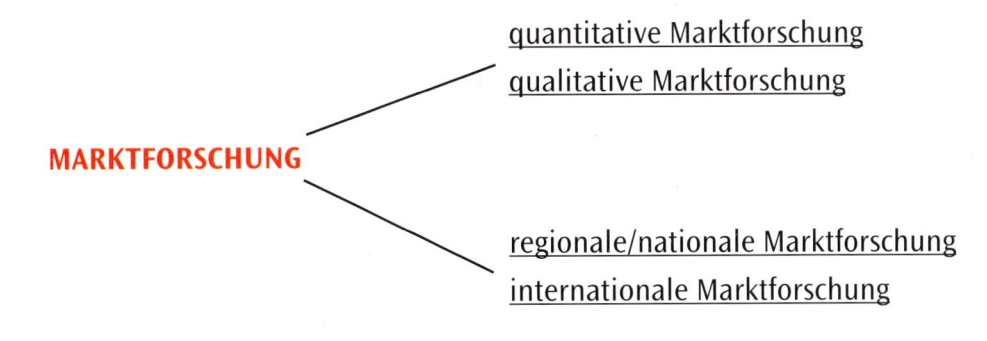

MARKTFORSCHUNG
- quantitative Marktforschung
- qualitative Marktforschung
- regionale/nationale Marktforschung
- internationale Marktforschung

Die Marke Eskimo

Sympathiehitliste

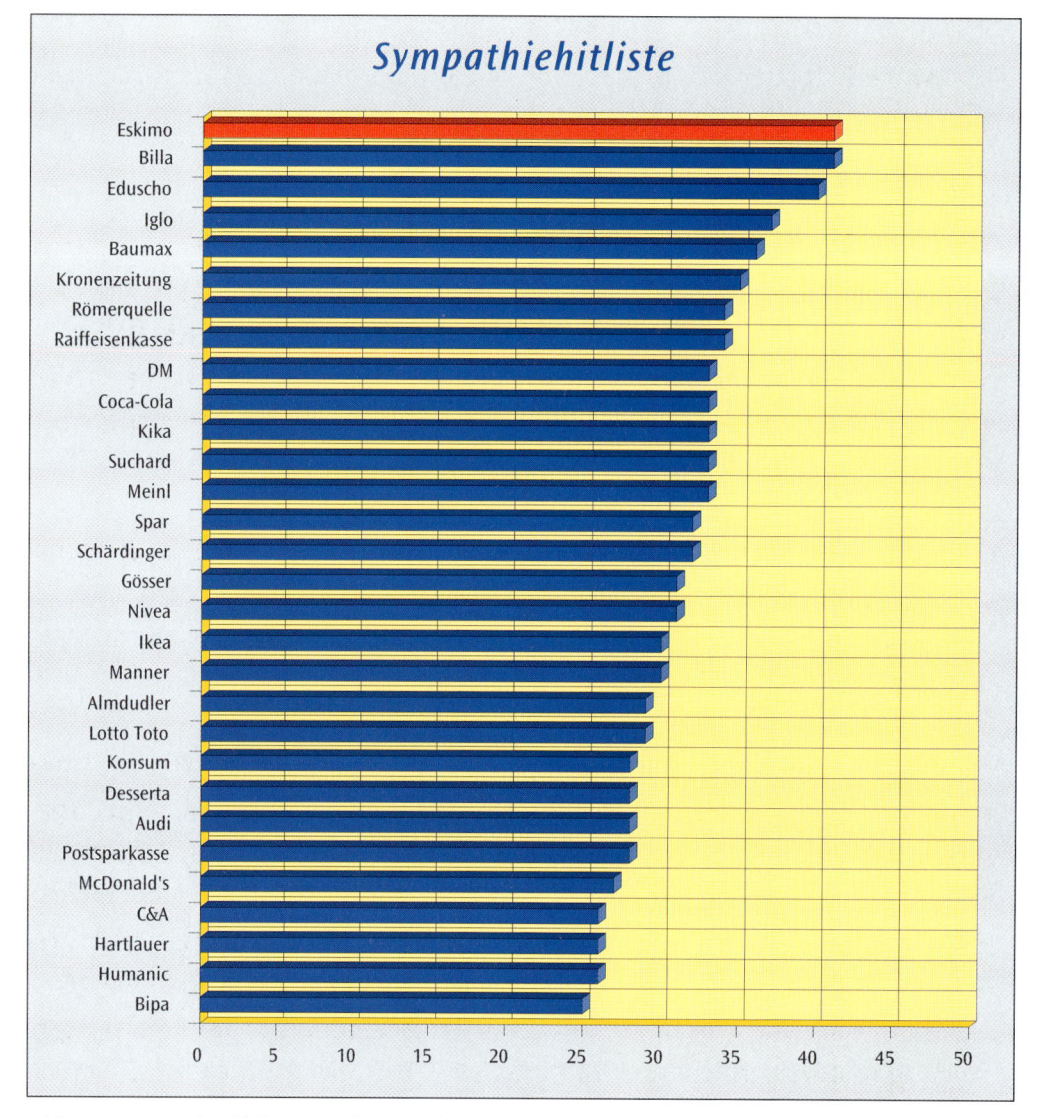

Marke	
Eskimo	~43
Billa	~42
Eduscho	~41
Iglo	~38
Baumax	~37
Kronenzeitung	~36
Römerquelle	~35
Raiffeisenkasse	~35
DM	~34
Coca-Cola	~34
Kika	~33
Suchard	~33
Meinl	~32
Spar	~32
Schärdinger	~31
Gösser	~31
Nivea	~31
Ikea	~30
Manner	~30
Almdudler	~29
Lotto Toto	~28
Konsum	~28
Desserta	~28
Audi	~27
Postsparkasse	~27
McDonald's	~27
C&A	~26
Hartlauer	~26
Humanic	~26
Bipa	~25

Abb. 43: Sympathiehitliste aus der „Market"-Studie: „Eskimo und Iglo im Markenbarometer"

erhoben, die eine statistische Repräsentanz der Ergebnisse gewährleisten. Bei Konzepttests werden noch keine konkreten Produkte, sondern verbale Umschreibungen bzw. bildhafte Veranschaulichungen der geplanten Produkteigenschaften vorgestellt, während bei Produkttests vollentwickelte Prototypen des Neuproduktes Gegenstand der Untersuchung sind.

ad) qualitative Marktforschung

Das sind Studien, die die Einstellungen zur Marke *Eskimo* betreffen. Subjektive Tatbestände werden anhand spezifischer (psychologischer) Methoden erhoben, die Ergebnisse sollen zu einer Typisierung führen.

ad) regionale/nationale Marktforschung

So wird die Erhebung von Informationen aus Heimmärkten genannt. Das sind somit Studien, die nur Österreich betreffen.

ad) internationale Marktforschung

Mittels internationaler Marktforschung werden Informationen aus internationalen Märkten erhoben. Dabei werden die *Unilever*-Marken im internationalen Vergleich beobachtet (z. B. die Werbebekanntheit im Vergleich Österreich–Italien). *Eskimo* war 1995 Europameister, was die Bekanntheit der Hausmarke betrifft, im Vergleich zu den anderen Hausmarken der *Unilever*-Eiscremefirmen. 1996 haben die Portugiesen am besten abgeschnitten.

- Aus einer Studie, die 1994 bei österreichischen Konsumenten durchgeführt wurde, geht hervor:

Eskimo ist die beliebteste Marke Österreichs.

In einem alljährlichen Vergleich werden die am besten in den Köpfen der Österreicher und Österreicherinnen verankerten Werbungen und die sympathischsten Marken gesucht und ihre Veränderungen aufgezeigt. *(siehe Abb. 43, Seite 114)*

Auffallen alleine genügt nicht für eine erfolgreiche Werbung. Um letztlich ein Produkt oder eine Dienstleistung verkaufen zu können, ist es neben dem Erregen von Aufmerksamkeit auch von essentieller Bedeutung, in der Zielgruppe einen sympathischen Eindruck zu hinterlassen und Sympathien für die Marke zu wecken. Denn sympathischere Marken haben größere Chancen, auch wirklich gekauft zu werden.

Eskimo hat einen besonders festen Platz in den Herzen der Österreicher und Österreicherinnen und führt nach einer Studie von *Market* das Ranking der sympathischsten Marken des Jahres 1994 gemeinsam mit *Billa* an.
(siehe Abb. 44, Seite 116)

Betrachtet man Werbung und Sympathie gemeinsam, kommt man zu folgendem Ergebnis: Sympathische Werbungen werden leichter gemerkt. Durch mehrmaligen Kontakt mit dem Betrachter wird Werbung bekannt, die wiederum mehr Sympathie hervorruft. Es entsteht ein Gefühl der Vertrautheit zum Produkt.

Die Marke Eskimo

Werbung schafft Symphatie

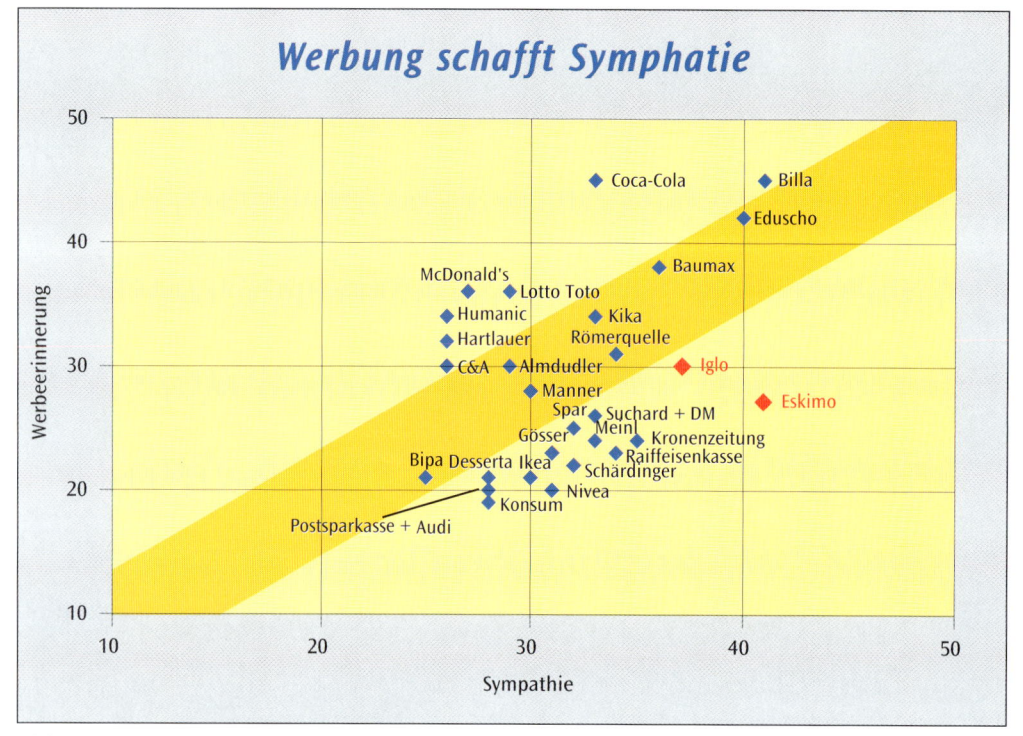

Abb. 44: Werbung schafft Symphatie

Das gute Image der Marke *Eskimo* bei den Österreicherinnen und Österreichern darf jedoch niemals ein Ruhekissen sein, sondern muß stets als Motivationsschub für die kommende Saison betrachtet werden.

- Jeweils im April und im Oktober wird der sogenannte „Brand Health Check" durchgeführt. Es wird mittels „face-to-face"-Interviews geprüft: Wie „gesund" ist die Marke? Wie bekannt ist sie, wie sieht ihr Image aus?

Abgesehen von einer generellen Befragung über die „Housebrand", werden für viele internationale Einzelmarken „Brand-" und „Advertising Awareness", „Penetration" und „Usage" geprüft. Beispielhaft möchte ich hier Brand- und Ad-Awareness der Marke *Magnum* im April 1996 anführen.
(siehe Abb. 45 und 46, Seite 117)

- Bei der sog. Brand Control 1996 wurden Akzeptanz und Image der Markenartikel in Gastronomie/Hotellerie und bei den Gästen erhoben.

Im Gegensatz zu den Gästen, für die zunächst nur jene Markenartikel erkennbar sind, die unbearbeitet und in ihrem Originalzustand angeboten und serviert werden, weiß selbstverständlich jeder Gastronom genau, welche Marken in seinem

Die Erfolgsfaktoren der Marke Eskimo

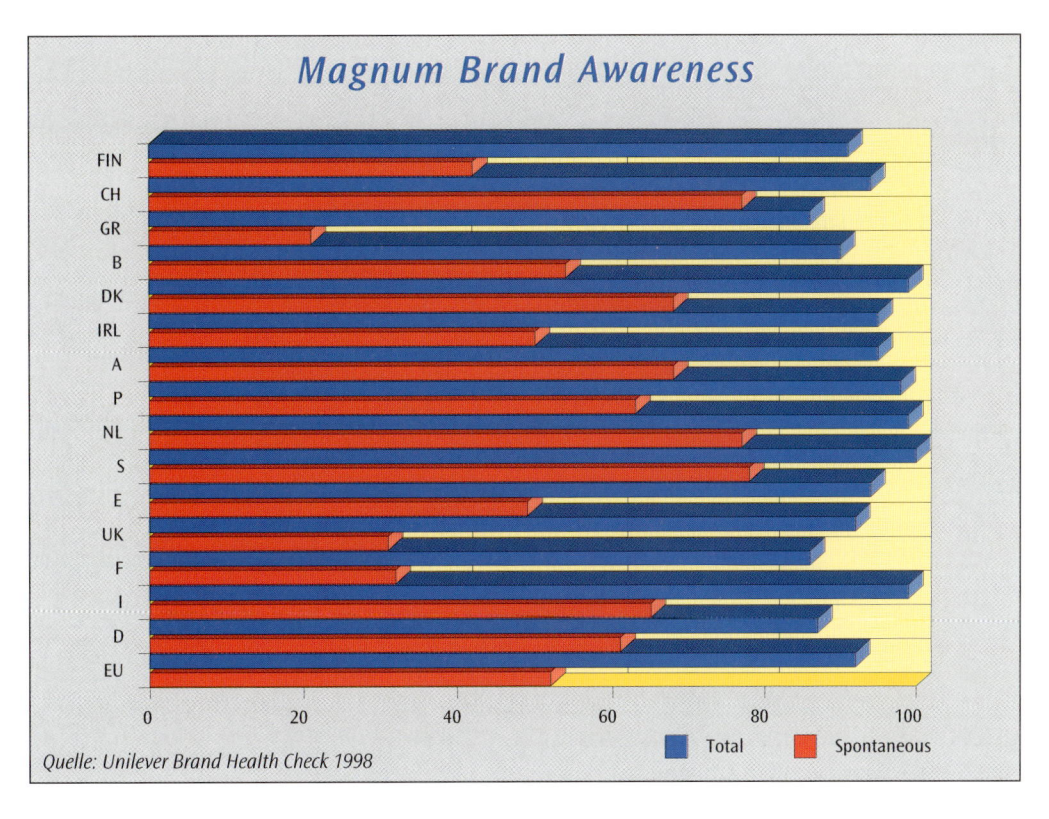

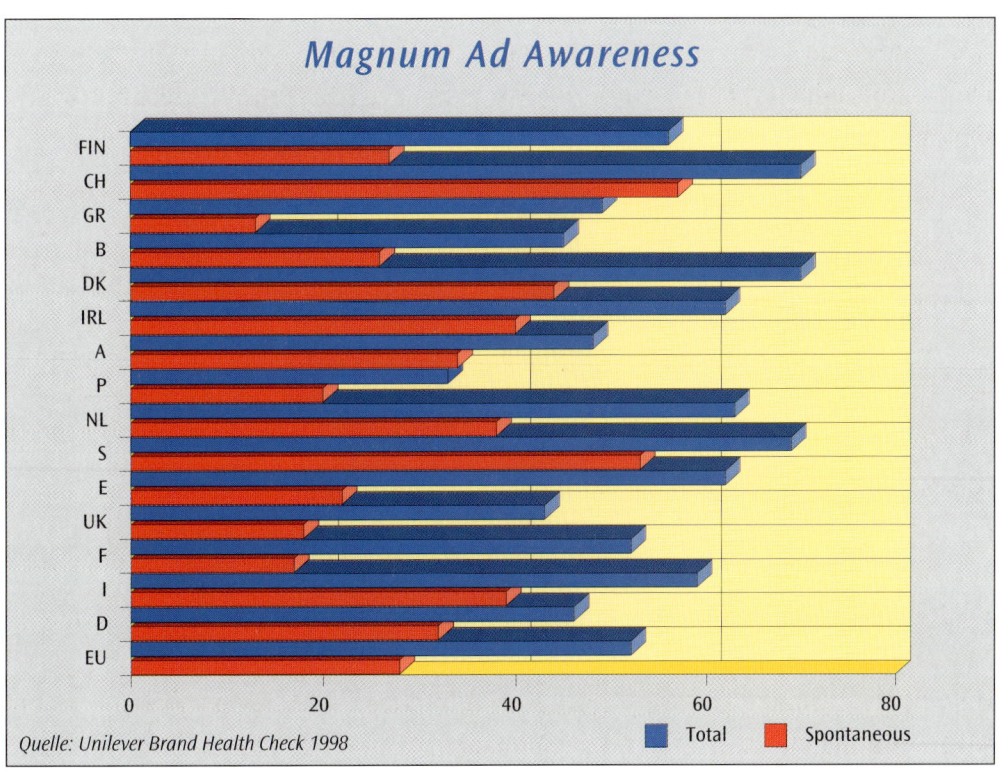

Abb. 45 und 46: Magnum Brand & Ad Awareness

117

Die Marke Eskimo

Betrieb Verwendung finden. Natürlich hat er eine ganz bestimmte Einstellung zu jeder dieser Marken. *(siehe auch Kapitel 7.3.: Gastronomie, Seite 61 f.)*

● Kiosk-Test Impulseis

In einer Exklusivstudie, vom Marktforschungsinstitut *Nielsen* im August 1995 für *Eskimo* durchgeführt, wurden verschiedene Impulsmarken nach ihrem Geschmack beurteilt. Basis waren 652 Interviews mit Konsumenten in Freibädern und an Tankstellen, bei denen jeweils eine oder mehrere der angegebenen Marken angeboten wurden.
Bei einer Geschmacksbenotung nach dem Schulnotenprinzip ging *Eskimo* mit einem „Notendurchschnitt" von 1,6 eindeutig als Sieger hervor.
(siehe Abb. 47)

Die Kenntnis über den Markt (z. B. über Marktanteile) kann nicht wirklich als Ursache des Erfolgs gesehen werden, da dies nur resultierende Größen aus einem Markterfolg sind. Die Ergebnisse zeigen höchstens, wo man etwas tun muß, wo man schlecht ist, erklären aber nicht das „Warum". Die marktbeobachtende Marktforschung kann nur ein Warnsignal sein.

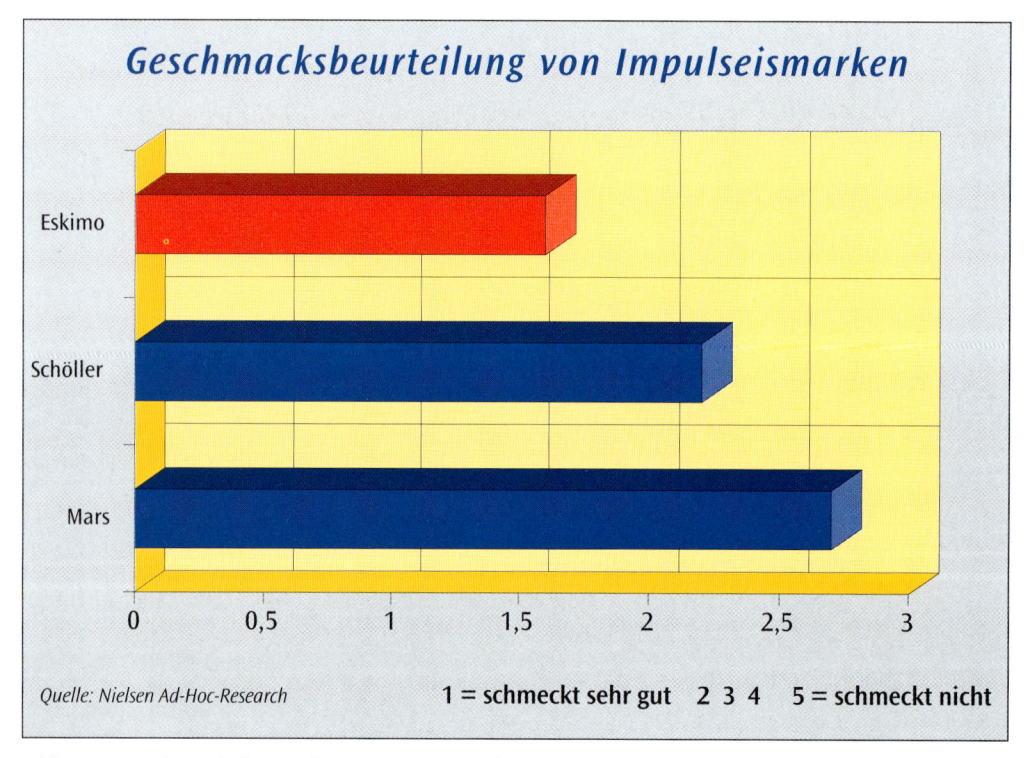

Abb. 47: Geschmacksbeurteilung von Impulseismarken

Die Erfolgsfaktoren der Marke Eskimo

Konzept- und Produkttests können als Erfolgsfaktoren angesehen werden, aber keine, die man zu hoch einschätzen sollte. Solche Tests informieren nur darüber, was man tun sollte und was besser zu unterlassen ist, es ist aber kein „Muß". Solche Tests ersetzen nicht das Management-Know-how, die Erfahrung, den gesunden Menschenverstand und das persönliche Gefühl.

Sie werden meistens mit 100 bis 150 Personen durchgeführt. Die Stichprobe ist jedoch nicht repräsentativ und findet in einer unrealistischen Situation statt. Die Testpersonen werden in ein Studio eingeladen, müssen für das Eis nichts bezahlen und neigen daher dazu, zu sagen, daß sie es kaufen würden. Dennoch würde eine völlige Unterlassung von Tests ein hohes Risiko für Innovationsprojekte bedeuten. Natürlich bietet Marktforschung keine absolute Gewähr über den wirtschaftlichen Erfolg einer Sortimentserweiterung, sie engt jedoch das Flop-Risiko erheblich ein.

Die langjährigen Erfahrungen von *Eskimo* haben gezeigt, daß man sich nur dann am Testergebnis orientieren und das Produkt nicht einführen sollte, wenn der Großteil der Testpersonen der Meinung ist, daß das Produkt nicht interessant ist; es sei denn, daß das Produkt komplett neue Verwendungsstrukturen erfordert und sich über Jahre erst durchsetzen muß.

Red Bull, um ein Beispiel zu nennen, hat eine lange Zeit am Energy-Trend gearbeitet. Vor einigen Jahren war der Markt noch nicht bereit für solche Produkte.

Ein anderes Beispiel ist das Handy. Hätte jemand vor 10 Jahren gesagt: „Du brauchst ein Handy", hätte man sich nur an den Kopf gegriffen. Heute ist ein Dasein ohne ein solches Gerät für viele undenkbar geworden. Aber Bedürfnisse ändern sich, oder es werden neue geschaffen. Manchmal entsteht die Zielgruppe „mit der Marke und nicht vor ihr" (Brandmeyer 1991, S. 79). Gewisse Produkte kann man nicht testen. Aber wenn es nur um kleine Variationen (z. B. Form, Geschmack, ...) geht, sollte man sich unbedingt an das Testergebnis halten.

Mit der Durchführung von Tests erwächst ein großes Potential an Erfahrung: Man sieht das Produkt und den Test, man sieht, was die Leute antworten und wie sie später effektiv im Markt reagieren. Der Konsument beginnt bei einem Test zu rationalisieren – die Bedingungen sind künstlich –, doch so reagiert er unter normalen Bedingungen nicht. Obwohl nicht natürlich reagiert wird, kann aber aus Erfahrungswerten auf die Reaktion in der realen Situation rückgeschlossen werden. Die Erfahrung, resultierend aus Marktforschung, wird dann zu einem Erfolgsfaktor der Marke *Eskimo*.

8.13. Neuer internationaler Auftritt der Marke Eskimo

8.13.1. Eskimo – Eine österreichische Marke und doch international

Eskimo, das ist sicher kein unbedeutender Faktor, wurde immer schon als österreichische Marke begriffen. „Ein Unternehmen wird vor allem dann als österreichisch angesehen, wenn es entweder alteingesessen ist (z. B. *Manner, Hofbauer, Meinl*) oder wenn bereits die Namensgebung auf seine österreichische Herkunft hinzuweisen scheint (z. B. *Dachstein, Inzersdorfer, Felix Austria*). (…) Auch Marken mit ausländischem Ursprung werden häufig als österreichische eingestuft. (…) *Eskimo-Iglo* wird sogar von annähernd 70 % aller Österreicher für ein einheimisches Unternehmen gehalten" (Schweiger et al. 1995; Seite 69 ff.).
Daß *Eskimo* zur *Unilever* gehört und ein Unternehmen ist, das in einen weltweiten Konzern eingebunden ist, war bislang nur wenigen bekannt. *Eskimo* konnte indes die Vorteile der Internationalität kräftig nützen:
Im Unternehmen besteht aufgrund der Präsenz auf internationalen Märkten eine langjährige Erfahrung, wie man ein Markengeschäft effizient und profitabel führt. Das Know-how aus anderen Ländern führte stets zu einer Ideenanregung und „Querbefruchtung". Auf zahlreichen internationalen Meetings fand und findet ein Austausch von Ideen statt, der zu einer Vielfalt an Ideenimpulsen führt.
Ebenso stellt die Finanzkraft des Unternehmens einen wesentlichen Vorteil für die einzelnen Marken dar. Man hat die Möglichkeit, für Forschung Mittel aufzubringen, die ein kleines Unternehmen niemals zur Verfügung haben würde („consumer research" und „technology research").
Grundsätzliches Ziel international tätiger Unternehmen ist natürlich eine weitgehende Standardisierung der Werbemittel, da sie eine absolute Kostenersparnis bei der Werbemittelproduktion nach sich zieht. Auch in der Werbung kann sich *Eskimo* viele Kosten mit seinen Schwesterunternehmen in den anderen Ländern teilen.
So ist man, um nur ein Beispiel zu nennen, in der Lage, viel mehr Geld für die Produktion eines Films auszugeben als ein kleines nationales Unternehmen.

Da die Kosten mit 16 Ländern geteilt werden, ist die Qualität der Filme einfach besser als die national hergestellter Spots – man kann sich die attraktiveren Locations, die attraktiveren Models, die besseren Regisseure leisten.

Wird so Geld in der Produktion gespart, bleibt als positiver Nebeneffekt auch mehr Etat übrig für die Streuung. Eine internationale Marke verlangt jedoch auch den Aufbau eines einheitlichen Produkt- bzw. Firmenimages. Der Medienoverflow z. B. von Deutschland nach Österreich macht nahezu ein Achtel der gesamten in Österreich über Massenmedien verbreiteten Werbung aus. Zwei verschieden positionierte Kampagnen für das gleiche Produkt in Deutschland und in Österreich würden die Konsumenten irritieren und das Markenbild verwässern. Durch die steigende Mobilität der Menschen durch Arbeitskräftewanderung und Tourismus ist ebenfalls ein höherer Standardisierungsgrad der Werbung von Vorteil. Der Pluspunkt einheitlicher Kampagnen besteht darin, die weltweit erfolgreichste Werbeidee für eine Marke auf allen Märkten einzusetzen.

Es gibt zwar Faktoren wie Sprachwitz, Wortneuschöpfungen, Reime, Anspielungen auf landesspezifische Besonderheiten u. ä., die bei internationalen Kampagnen die Kreativität stark einschränken können, doch überwiegen die Vorteile, und daher entscheiden sich viele multinationale Unternehmen für eine standardisierte Kampagne. So auch *Unilever* mit ihren Eiscremeunternehmen.

8.13.2. Die Hintergründe für den neuen optischen Auftritt

Als Schritt in Richtung eines einheitlichen Erscheinungsbildes kann die nunmehr erfolgte Änderung bzw. Vereinheitlichung des Markenauftritts betrachtet werden. Mehrere Gründe haben konkret zu diesem großen Vorhaben geführt: Neben der Notwendigkeit, starke Marken in Europa aufzubauen, sich mit einer einheitlichen Kommunikation zu präsentieren und Sponsoring weltweit einsetzen zu können, waren auch die zunehmende Mobilität der Konsumenten, das ständig wachsende Konkurrenzumfeld, eine Umstellung im Lebensmitteleinzelhandel und verändertes Konsumentenverhalten ausschlaggebend. Produktionsseitige Vorteile ergeben sich als positiver Nebeneffekt.

● Starke Marken in Europa
Die Idee, die das Ganze ins Rollen brachte, baut auf dem bekannten Säulenmodell auf. *Unilever* wollte starke Marken in Europa aufbauen, die von einer starken Hausmarke überdacht werden. Ein augenscheinlicher Nachteil war dabei der unterschiedliche optische Markenauftritt – die unterschiedlichen Logos der Dachmarken – in den verschiedenen Ländern gewesen.

Die Marke Eskimo

Abb. 48: Unilevers Schritt in Richtung einheitliches Erscheinungsbild

In Europa etwa wurden 2 Drittel des Eisumsatzes von *Unilever* unter einem anderen Markenzeichen als der Markise getätigt.
Man wollte nun die Dachmarken in Europa von ihrer Konsumentenwahrnehmung, von ihren Markenwerten her und von ihrer Stellung in der Kategorie Eiscreme vereinheitlichen. Es ging darum, eine optimale Housebrand zu formulieren und die vorhandenen Housebrands – die von ihrer Positionierung unterschiedlich waren – auf diese optimale Housebrandarchitecture und auf diese Positionierung hinzutrimmen.

Die Erfolgsfaktoren der Marke Eskimo

Abb. 49: Eskimo-Preistafel 1999

Die Marke Eskimo

- Kommunikation

Ein weiterer wesentlicher Punkt ist die zunehmende Internationalisierung der Kommunikation. Österreich ist ein klassisches Beispiel für ein Land mit internationaler Werbung. Es gibt wenige Länder in Europa, in denen ausländische TV-Kanäle und Zeitschriften einen so hohen Marktanteil verzeichnen. Der extreme und zunehmende Medienoverflow aus Deutschland – schon alleine wegen der Sprachgleichheit –, aber auch aus anderen Ländern führt dazu, daß nationale Grenzen in der Kommunikation mehr und mehr an Bedeutung verlieren.

Gerade bei internationalen Produkten bzw. Marken wie *Magnum, Cornetto* oder *Solero* wird daher durch eine unterschiedliche Logo-Gestaltung eine länderübergreifende Kommunikation erschwert.

Werbung für eine lokale Marke in solchen internationalen Medien wäre nicht sinnvoll; nur mit dem einheitlichen Auftritt einer Weltmarke kann das Potential dieser weitgreifenden Kommunikation ausgeschöpft werden. Wichtig ist vor allem der visuell einheitliche Auftritt, der durch das neue Logo gegeben ist. Ob der Markenname selbst (in unserem Fall *Eskimo*) dabei steht oder nicht, wird langfristig keine Rolle spielen, denn der Konsument wird lernen, sein Eis mit einem neuen optischen Markenauftritt zu verbinden.

Die *Unilever*-Eiscremefirmen haben nun ihren Markenauftritt vereinheitlicht. Der POS-Auftritt wurde harmonisiert, die Preistafel von ihrer Grundstruktur und ihrer optischen Gestaltung her zeigt keine Unterschiede mehr, bis auf die lokalen Submarken, für die ein bestimmter Platz auf der Preistafel vorgesehen ist.

Der Konsument soll auf der ganzen Welt „etwas von zu Hause" haben können. Er soll sich freuen, etwas Vertrautes zu finden. Das ist ein Teil der positiven Wirkung einer Weltmarke.

Die Eiscreme-Dachmarken von *Unilever* sind mit der Vereinheitlichung ihres optischen Markenauftritts einen großen Schritt in diese Richtung gegangen.

- Sponsoring

Die Möglichkeiten eines internationalen Event-Sponsorings konnten vor Änderung des optischen Markenauftritts nicht optimal genutzt werden.

Bei Leichtathletikwettbewerben ist z. B. *Mars* vertreten, bei der Champions League findet man Anbieter wie *McDonald's, Coca-Cola* oder *Nutella* – und warum? Weil sie ein einheitliches Logo haben – in Europa und auf der ganzen

Welt. Investitionen bei einer Weltmeisterschaft, den Olympischen Spielen oder der EXPO 2000 rentieren sich natürlich nur bei bei einer Marke, die von einem globalen Publikum verstanden wird.

- Mobilität der Konsumenten

Heute sind grenzübergreifende Reisen eher die Regel als die Ausnahme, sowohl privat als auch beruflich. Die Gesellschaft wird immer mobiler. Das ist auch ein Grund, warum es sinnvoll ist, das Logo zu vereinheitlichen. Der Konsument soll „sein" Eis überall wiedererkennen.

Österreich hatte bislang einen wesentlichen Vorteil. In unseren Nachbarländern Deutschland und Italien war – zumindest in Teilbereichen – die Markise als optisches Zeichen vertreten (in Italien nur bei Kindereis, während die Marken für Erwachsene unter einem anderen Symbol bekannt waren). Deshalb war für den Österreicher die Markise im Ausland präsent, und er konnte die Internationalität der Marke vermuten. Wenn er jedoch nach Frankreich fuhr und sein *Magnum* unter einem anderen Markenzeichen entdeckte, war die Verwirrung perfekt. Er möchte nur sein Eis, seine Marke wiedererkennen, ihn interessiert nicht, ob das Eis von *Unilever* kommt. Der Konsument möchte etwas Vertrautes haben.

Für einen Engländer oder Franzosen war seine Eismarke – *Wall's* bzw. *Motta* – nie international, denn die beiden Bildmarken waren nur lokal vertreten.

- Konkurrenzumfeld – Wettbewerb

Eskimo bewegt sich in einem Konkurrenzumfeld; dieses Konkurrenzumfeld besteht in direkter Nähe aus anderen Eisfirmen (etwa *Motta–Nestlé*), besteht aber im weiteren Sinne aus Parallelwettbewerbern (Softdrinks, Schokoladeprodukte jeglicher Art – man kann das so weit fassen, wie man letztendlich will, das Konkurrenzfeld wird dabei immer schwächer).

Die Eiscremeunternehmen im Nahbereich, die international einen einheitlichen Auftritt anstreben, sind noch nicht so weit wie *Eskimo*. *Eskimo* ist also einen Schritt voraus. Die Konkurrenz wird aber in den nächsten Jahren auch einen Schritt in diese Richtung setzen, doch *Eskimo* hat den Vorteil, der erste gewesen zu sein und den weiteren Vorteil seiner langen Tradition.

Im erweiterten Konkurrenzumfeld gibt es Marken, die einen sehr starken internationalen Marktzugang haben und sich als „global Brands" bezeichnen. Um für die Zukunft im Wettbewerb gerüstet zu sein, braucht auch *Eskimo* einen globalen Auftritt.

Die Marke Eskimo

- Die „Welt der Eiscreme" im Umbruch – verändertes Konsumentenverhalten

Es hat sich gezeigt, daß die Welt der Eiscreme in Wandlung begriffen ist. In der Vergangenheit wurde Eiscreme fast ausschließlich mit Sommer, Sonne, und Genuß bei speziellen Gelegenheiten, vor allem Urlaub und Freizeit, assoziiert. Eis wurde am häufigsten im Schwimmbad, am Strand oder an einem heißen Tag auf der Straße gegessen.

Diese klassischen Verzehrsituationen sind gut gelernt und wurden auf das Markisen-Logo rückprojiziert. Die ursprüngliche Bildmarke war daher besonders eng mit diesen Vorstellungen verknüpft.

Langfristig hat sich die Einstellung der Konsumenten gegenüber Eis jedoch verändert. Heute erfolgt ein großer Teil des Eisumsatzes als geplanter Einkauf. Hausmann oder -frau nimmt das Eis in der Verpackung mit, um es dann jederzeit – in der Wohnung, im eigenen Garten, „wo auch immer" – genießen zu können. In Österreich wird im Sommer noch immer mehr Eis gegessen als im Winter, aber die letzten Jahre zeigen einen neuen Trend. In Zukunft wird Eiscreme immer mehr für das tägliche Vergnügen, für den Genuß zwischendurch stehen – unabhängig vom Alter der Konsumenten, Ort oder Jahreszeit.

Eine Marke muß sich den Veränderungen am Markt anpassen. Wenn man ein Logo benutzt, das bei den Konsumenten immer wieder die alten Werte hervorruft – nämlich Sonne, Strand etc. –, dann wird man den aktuellen Veränderungen nicht in jedem Fall gerecht. Die neue visuelle Identität schafft den Raum für das veränderte Konsumentenverhalten. Emotion, Nähe und Wärme werden verstärkt zum Ausdruck gebracht, symbolisiert durch eine warme Farbgebung, durch das Herz, das über alle Alters- und Ländergrenzen hinweg einheitliche positive Werte vermittelt.

- Produktionsseitige Vorteile

Eines der augenscheinlichsten, wenn auch nicht das ausschlaggebende Argument sind mögliche Vorteile auf der Produktionsseite. So vereinfacht etwa ein *Magnum*wickler europaweit die Produktion wesentlich.

Zusammenfassend lassen sich also verschiedene gewichtige und überzeugende Gründe für die europa- bzw. weltweite Vereinheitlichung des *Unilever* Eiscremelogos aufzeigen.

8.13.3. Der Umstellungsprozeß

Der erste Schritt bestand darin, sich über die wesentlichen Grundbedürfnisse im Eiscremebereich einen Überblick zu verschaffen. Es sollte ein relevantes

Set an Submarken entwickelt werden, das langfristig in Europa Basis des Geschäftes sein kann.

Man entschied sich für 9 große internationale Marken (z. B. *Cornetto, Magnum* und *Viennetta*), die auf verschiedene Bedürfnisse des Konsumenten abgestimmt sind und auch als Submarken beworben werden. Es ist nicht möglich, eine globale Marke zu führen, wenn jedes Land seine eigenen Interessen verfolgt. Markenführung wird zentral geregelt, dazu gehören auch die Innovationsprozesse, die weiterhin nach dem bewährten IPM-System verfolgt werden.

Als nächsten Schritt galt es, die Wahrnehmung der aktuellen Hausmarke, ihre Stärken und ihre Schwächen in den jeweiligen Ländern zu erforschen, um in weiterer Folge ein Profil der „optimalen Hausmarke" zu schaffen. Jetzt konnte festgestellt werden, inwieweit die existierenden Housebrands in den jeweiligen Ländern von ihrem Ideal abwichen. Länder mit einer relativ starken Positionierung ihrer Hausmarke waren z. B. Deutschland, Portugal, aber auch Österreich. In der sog. „Brand Architecture" steht niedergeschrieben, wie die Dachmarke in ihren Grundfesten aussehen und wie sie positioniert sein soll.

Aufbauend auf den Erkenntnissen dieser Analyse wurde das neue Bildzeichen im Zusammenspiel mit dem Konsumenten entwickelt. Es hat viele Tests bestehen müssen, bevor man sich für seine endgültige Form entschieden hat. Farb- und Formkombinationen und deren eventuell vorhandene Bedeutungen und Assoziationen wurden überprüft, bis man sich für die warme Rot-Gelb-Farbmischung und das harmonische herzförmige Logo entschied.

Die Testpersonen bekamen nicht gleichzeitig das alte und neue Logo-Alternativen zu sehen, um zu beurteilen, welches besser wäre. Hinter dem alteingesessenen Bildzeichen stehen all die positiven Erinnerungen und Erlebnisse, mit denen der Konsument seinen Eisgenuß verbindet. Diese hätten in der Testsituation zu wesentlichen Verzerrungen geführt. Gezeigt wurden nur neue Bildzeichen. Es wurde nach spontanen Assoziationen gefragt. Man versuchte in Erfahrung zu bringen, welche Vorstellungen die Testpersonen in bezug auf ein neues Eislogo hatten, Anmutungen (modern-altmodisch, innovativ-rückständig etc.) wurden getestet.

Durch solche Tests, die repräsentativ für Europa in einigen Ländern – z. B. Deutschland, Italien oder auch Frankreich – durchgeführt wurden, konnte die Sicherheit gewonnen werden, daß der Konsument dem Ganzen sehr positiv begegnen würde.

Die Marke Eskimo

Zusammenfassend waren dem Gedanken des Säulenmodells entsprechend für jedes Grundbedürfnis Submarken geschaffen worden – und das fast einheitlich in Europa. Als Dach über den Säulen hat man die optimale Hausmarke definiert. Es wurde also ein Marke geschaffen, die das Recht und die Größe hat in der Champions League mitzuspielen, und auch mit ihren kommunikativen Leistungen und Möglichkeiten langfristig mit globalen Marken wie etwa *Coca-Cola* konkurrieren kann.

Schließlich wurde das Jahr 1998 als Implementierungsdatum festgelegt. Für Österreich war dieses Datum aufgrund der Ende Juli 1997 bekanntgegebenen Werkschließung nicht unproblematisch, obwohl beide Entscheidungen vollkommen unabhängig voneinander zu sehen sind.

8.13.4. Implementierung in Österreich

Eskimo – und auch die anderen Eiscrememarken von *Unilever* – ist eine bei den Konsumenten stark präsente Marke mit einer langen Tradition. Diese Tradition ist aber von Land zu Land unterschiedlich. Deshalb muß ein so wesentlicher markenpolitischer Schritt wohlüberlegt sein und kann nicht in allen Ländern nach demselben Schema durchgeführt werden. Für *Eskimo* mußte dementsprechend eine österreichspezifische Einführungskommunikation gefunden werden. Ein optimal abgestimmter Zeitplan war notwendig. Kein Detail durfte vergessen werden. Es mußte von der Kommunikation bis zur klassischen *Eskimo*-Fahne alles durchdacht sein.

Wichtig war es, sich jedes Szenario im voraus genau zu überlegen – was will man bei den Kosumenten auslösen, wie werden sie reagieren, wie wird der Handel reagieren, wie und wann genau erfolgt die Umstellung.

Startpunkt war dann am 23. Jänner die Eiskonferenz, eine alljährlich stattfindende Verkaufstagung, bei der das neue Logo erstmals öffentlich in Österreich vorgestellt wurde. Die Veranstaltung war außerordentlich erfolgreich. Das Verkaufsteam hatte sich innerhalb kürzester Zeit mit dem neuen Logo identifiziert und war von den sich neu bietenden Möglichkeiten überzeugt. Die Mitarbeiter und Konzessionäre konnten ihren Kunden aus Überzeugung sagen: „Vertrauen Sie uns. Wir setzen die Impulse im Markt, wir gehen voran."

Was mußte noch getan werden? Ein Team wurde organisiert und war dafür verantwortlich, in ganz Österreich alle Lebensmittelgeschäfte, alle Baumärkte, alle Tankstellen etc. aufzusuchen, um den Point-of-Sale mit den neuen Werbemitteln auszustatten: das heißt Zehntausende Truhen umkleben, über 20.000

Fahnen, mehr als 15.000 Schirme, Papierkörbe und ähnliches austauschen. Kommunikationsmittel für Lieferanten und Konzessionäre waren wichtiger denn je. Alle Drucksorten (Visitenkarten, Briefpapier, ...) sowie das Verpackungsmaterial mußten neu gestaltet und gedruckt werden, selbst am Werksgelände mußten Adaptierungsmaßnahmen gesetzt werden. Alles wurde genau organisiert, bedacht und dementsprechend durchgeführt.

Dann kam Kalenderwoche 6 – Start der Kommunikationsmaßnahmen.
Diese liefen über den neuen Auftritt am POS. Gegenüber dem Handel mit einer großangelegten Kampagne in allen wichtigen Handelsmedien, der größten, die es bis dato in Österreich gegeben hat.

Zur Bekanntmachung und Durchsetzung des neuen Logos war natürlich das Fernsehen ein unerläßliches Medium, deshalb begann man gleich am Montag der Kalenderwoche 6 mit einem 15-Sekunden-Spot. Dafür wurden Eisgenußszenen aus 3 Filmen – *Cornetto, Magnum* und *Cremissimo* – gezeigt, unterlegt mit dem *Eskimo*-Jingle „So schmeckt nur eines". Zwischen den Szenen und am Ende des Spots wurde das neue Logo eingeblendet. Damit war gewährleistet, daß die wesentlichen Produkte mit dem Logo in Verbindung gebracht wurden, daß man das Logo häufig sah und daß die neue Bildmarke deutlich mit der etablierten österreichischen Speiseeismarke *Eskimo* verbunden wurde.

Die Kernaussage, die der Konsument behalten sollte, war einfach: „Qualität, Zuverlässigkeit, Sympathie, die österreichische Marke, mit der ich groß geworden bin – das ist *Eskimo* mit einem neuen Logo." Nicht die Schaffung einer neuen Identität, sondern das Kennenlernen der neuen Optik war Ziel und Zweck; der Konsument sollte wieder die Fahne sehen und wissen: „Da gibt es mein Eis!"
Die starke Identifikation mit der Marke *Eskimo* war zweifellos ausschlaggebend für diesen gelungenen Schritt ins neue Jahrtausend und Geheimnis des guten Erfolges.

9. Zusammenfassung

Wovon hängt also zusammenfassend der außerordentliche Erfolg der Marke *Eskimo* ab?

Bevor *Unilever* in Österreich in das Eisgeschäft einstieg, war die Marke *Eskimo* durch unternehmerischen Spürsinn, Investitionen und natürlich auch ein bißchen Glück bereits etabliert. *Unilever* selbst mußte die Marke nicht ins Leben rufen. Sie hatte aber sehr wohl erkannt, daß für das Eisgeschäft in Österreich ein zukunftsträchtiger Markt bestand und hat daher in das Unternehmen investiert und die Marke *Eskimo* weiter ausgebaut.

Das wichtigste war zweifelsohne die Etablierung *Eskimos* als Dachmarke. Durch ihre Stützen, die Einzelmarken, wurde und wird der Dachmarke immer wieder Kraft und neues Kapital zugeführt. Positive Einstellungen gegenüber den Einzelmarken werden auf die Dachmarke übertragen, das Vertrauen in die Dachmarke wird immer wieder gestärkt und im Gegenzug wieder auf traditionelle und neue Einzelmarken übertragen. Die Dachmarke schützt die Einzelmarken, und die Einzelmarken stützen die Dachmarke.

Die Dachmarke ermöglichte in einzigartiger Weise auch das Entstehen einer langen Tradition. Auch wenn einzelne Marken entstehen und vergehen, so bleibt die Dachmarke mit ihrem Kernbestand stets gleich und unverändert im Bewußtsein der Konsumenten. So kann man wahrlich sagen, daß *Eskimo* eine Marke ist, die den Österreicher durchs Leben begleitet hat und es noch immer tut.

Trotz der „Ewigkeit" von *Eskimo* ermöglicht die Dachmarkenstrategie das Einführen neuer Einzelmarken. Dadurch bleibt die Marke jung, dynamisch und innovativ – wesentliche Faktoren, die das Überleben und den Erfolg der Marke sichern.

Ein weiterer wesentlicher Faktor, der *Eskimo* so erfolgreich gemacht hat, ist zweifelsohne der Umstand, daß *Eskimo* stets als österreichische Marke empfunden wird, die dennoch die Vorteile des Eingegliedertseins in einen internationalen Konzern nutzen konnte. Sowohl das fundierte Verständnis für den österreichischen Konsumenten als auch der Blick über die Grenzen, die Berücksichtigung der internationalen Entwicklungen ermöglichten einen behutsamen und weitblickenden Umgang mit der Marke.

Diese 2 Faktoren, neben zahlreichen anderen unternehmerischen Entschei-

Die Marke Eskimo

dungen, wie zum Beispiel fortschrittlicher Umweltpolitik und omnipräsenter Kommunikation, haben dazu beigetragen, die Marke *Eskimo* dorthin zu bringen, wo sie heute steht.

Um das Weiterbestehen zu sichern und die Erfolgsgeschichte der Marke *Eskimo* im neuen Jahrtausend fortzusetzen, wurde das Logo neu und modern gestaltet. Obzwar dieser Schritt ein gewisses Wagnis bedeutete, hat er sich als richtig erwiesen, nämlich als einer, der die Marke *Eskimo* für die Zukunft fit macht.

Die richtige Handhabung des wertvollen Kapitals „Marke" hat *Eskimo* in eine Marke verwandelt, die in den Herzen der Österreicher fest verankert ist – eine der beliebtesten Marken Österreichs.

10. Literaturverzeichnis

Ankünder – Gesellschaft für Außenwerbung m.b.H. (1996): Plakatscanner Eskimo; Wien, Juni 1996

APA Journal (1994): Historisches über die Eiszeit; 59/1994

Arnold, David (1992): Modernes Markenmanagement: Geheimnisse erfolgreicher Marken; internationale Fallstudien; Ueberreuter, Wien 1992

Becker, Jochen (1991): Die Marke als strategischer Schlüsselfaktor; Thexis 6/1991; S. 40-49

Becker, Jochen (1992): Markenartikel und Verbraucher; in: Dichtl, Erwin/Eggers, Walter (Hrsg.): Marke und Markenartikel als Instrumente des Wettbewerbs; Beck-Wirtschaftsberater im dtv; München 1992; S. 97-128

Becker, Jochen (1994): Typen von Markenstrategien; in: Bruhn, Manfred (Hrsg.): Handbuch Markenartikel. Band 1; Schäffer Poeschel; Stuttgart 1994; S. 463-498

Behrens, Gerold (1994): Verhaltenswissenschaftliche Erklärungsansätze der Markenpolitik; in: Bruhn, Manfred (Hrsg.): Handbuch Markenartikel. Band 1; Schäffer Poeschel; Stuttgart 1994; S. 199-218

Berekoven, Ludwig (1992): Von der Markierung zur Marke; in Dichtl, Erwin/Eggers, Walter (Hrsg.): Marke und Markenartikel als Instrumente des Wettbewerbs; Beck-Wirtschaftsberater im dtv; München 1992; S. 25-46

Berekoven, Ludwig/Eckert, Werner/Ellenrieder, Peter (1996): Marktforschung. Methodische Grundlagen und praktische Anwendungen; Gabler; Wiesbaden 1996

Biel, Alexander (1996): Markenmagie: Die Härte der „weicheren" Seite der Marke; Werbeforschung & Praxis; Wien 1/1996; S. 1-6

Bleuel, Andreas (1989): Dachmarke oder Einzelmarke? Wohin mit dem Produktneuling?; in: Absatzwirtschaft; 1989; Nr. 4; S. 100-105

Bliemel, F. (1984): Erste Erstmarken und andere markenkonzeptionelle Gedanken; Markenartikel, 8/1984; S. 416-422

Brandmeyer, Klaus; Deichsel, Alexander (1991): Die magische Gestalt – Die Marke im Zeitalter von Massenware; Marketing Journal; Hamburg 1991

Bruhn, Manfred (1994): Begriffsabgrenzungen und Erscheinungsformen von Marken; in: Bruhn, Manfred (Hrsg.): Handbuch Markenartikel. Band 1; Schäffer Poeschel; Stuttgart 1994; S. 3-42

Bruhn, Manfred (1995): Marketing. Grundlagen für Studium und Praxis; Gabler; Wiesbaden 1995

Brusatti, Alois (1985): Geschichte der Unilever Österreich; Wien 1985

Bühner, Rolf (1991): Betriebswirtschaftliche Organisationslehre; Oldenburg; München 1991

Cassirer, Ernst (1977): Philosophie der symbolischen Formen; Band I, erster Teil; Wissenschaftliche Buchges. Darmstatt 1977

Devin, Barbara (1993): Wann Brand Extension die Marke schwächt; Markenartikel 11/1993; S. 536-538

Dichtl, Erwin (1992): Grundidee, Varianten und Funktionen der Markierung von Waren und Dienstleistungen; in: Dichtl, Erwin/Eggers, Walter (Hrsg.): Marke und Markenartikel als Instrumente des Wettbewerbs; Beck-Wirtschaftsberater im dtv; München 1992; S. 1-24

DIN-TERM (1995): Qualitätsmanagement – Statistik – Zertifizierung; Beuthverlag; Berlin, Wien, Zürich; 1995

Domizlaff, Hans (1939): Die Gewinnung des öffentlichen Vertrauens; Hamburg 1939

Duden (1963): Das Herkunftswörterbuch – Etymologie der deutschen Sprache; Duden Band 7; Dudenverlag; Mannheim, Wien, Zürich 1963

Eenhoorn, J. W. (1995): in: Unifrost GmbH: Das Qualitätsmanagementsystem der Unifrost GmbH; Groß Enzersdorf 1995

Eenhoorn, J. W. (1996): Eine Branche im Umbruch; Abschrift des Vortrages anläßlich der Fachkonferenz des Österreichischen Controller Instituts am 25.03.1996

Eskimo – IFG Icecream (1996): Elements of a Brand Architecture; Mai 1996

Eskimo-Iglo (1996): IPM – Innovation Process Management; Einführungskonferenz Eskimo-Iglo 16.4.96

Eskimo-Iglo: Presseinformation, Groß-Enzersdorf, o. J.

Friederes, Gereon (1997): Die Nutzung der Produktherkunft zum Aufbau starker Marken in Osteuropa – ein empirisches Projekt; (Diss. in Vorbereitung); Wien 1997

Gegenmantel, Rolf (1996): Key-Account-Management in der Konsumgüterindustrie; Gabler; Wiesbaden 1996

Hätty, Holger (1989): Der Markentransfer; Physica-Verlag; Heidelberg 1989

Hätty, Holger (1994): Markentransferstrategie; in: Bruhn, Manfred (Hrsg.): Handbuch Markenartikel. Band 1; Schäffer Poeschel; Stuttgart 1994; S. 561-582

Huxold, Stephan (1990): Marketingforschung und strategische Planung von Produktinnovationen; Erich Schmidt Verlag; Berlin 1990

IFM – Institut für Motivforschung (1994) – Univ.-Prof. Dr. F. & Dr. H. Karmasin: Einstellungen zu Eis und zu der Marke Eskimo; Wien, Oktober 1994

IFM – Institut für Motivforschung (1996) – Univ.-Prof. Dr. F. & Dr. H. Karmasin: Jolly, Twinni, Brickerl; Wien, Juni 1996

IMAS (1995): Line Profile/Cool Bits/Blizz – Ergebnisse einer repräsentativen Trenderhebung unter Erwachsenen und Kindern; August/September 1995

Kapelari, Daniela (1997): Category Management im Handel; Werbeforschung & Praxis; Wien 1/1997; S. 8

Kapferer, Clodwig (1979): Kapferers Marketingwörterbuch; Marketing Journal GmbH Hamburg; Kriterion Verlag; Zürich 1979

Karmasin, Helene (1992): Die Psychologie der Marke; in: Österreichische Werbewissenschaftliche Gesellschaft: Referate des Management-Symposiums „Erfolgreiche Markenführung"; Brunn/Gebirge 1992

Karmasin, Helene (8/1992), in: DIVA Spezial 8/92: Eis als Machtmittel?

Kelz, Andreas (1989): Die Weltmarke; Schulz-Kirchner-Verlag; Idstein 1989

Kluge, Friedrich (1995): Etymologisches Wörterbuch der deutschen Sprache; de Gruyer; Berlin, New York 1995

Knoblich, Hans/Fries, Antje (1996): Geschmacksstoffe als Elemente der Produktgestaltung; in: Knoblich/Scharf/Schubert (Hrsg.): Geschmacksforschung. Marketing und Sensorik für Nahrungs- und Genußmittel; Oldenburg Verlag; München 1996

Koch, Jörg (1996): Marktforschung; Oldenburg Verlag; München 1996

Köhler, Richard (1994): Planungs- und Entwicklungsprozeß neuer Markenartikel; in: Bruhn, Manfred (Hrsg.): Handbuch Markenartikel. Band 1; Schäffer Poeschel; Stuttgart 1994; S. 433-462

Koppelmann, Udo (1994): Funktionsorientierter Erklärungsansatz der Markenpolitik; in: Bruhn, Manfred (Hrsg.): Handbuch Markenartikel. Band 1; Schäffer Poeschel; Stuttgart 1994; S.219-238

Kotler, Philip/Bliemel, Friedhelm (1992): Marketing-Management, Verlag Poeschel, Stuttgart, 7 Aufl., 1992

Leitherer, Eugen (1994): Geschichte der Markierung und des Markenwesens; in: Bruhn, Manfred (Hrsg.): Handbuch Markenartikel. Band 1; Schäffer Poeschel; Stuttgart 1994; S. 135-152

Lippert, Werner (1993): Lexikon der Werbebegriffe; Econ Taschenbuchverlag; Düsseldorf, Wien 1993

Mann, Günter (1994): Entwicklungstendenzen des Markenartikels aus Herstellersicht; in: Bruhn, Manfred (Hrsg.): Handbuch Markenartikel. Band 3; Schäffer Poeschel; Stuttgart 1994; S. 1999-2022

Market (1994) – Institut für Markt-, Meinungs- und Mediaforschung: Eskimo und Iglo im Markenbarometer; 1994

Mayerhofer, Wolfgang (1995): Imagetransfer – Die Nutzung von Erlebniswelten, die Positionierung von Ländern, Produktgruppen und Marken; in: Schweiger, Günther (Hrsg.): Empirische Marktforschung; Bd. 13; Service Fachverlag; Wien 1995

Meffert, H./ Schubert, F. (1986): Bedeutung der Ökologie für das Marketing – Theoretische Konzeption und empirische Ergebnisse; in: Meffert, H./Wagner, H. (Hrsg.): Ökologie und Marketing – Bestandsaufnahme und Erfahrungsbericht. Dokumentation des Workshops vom 27. November 1986, Münster, S. 2-33

Meffert, Heribert (1992): Strategien zur Profilierung von Marken; in: Dichtl, Erwin/Eggers, Walter (Hrsg.): Marke und Markenartikel als Instrumente des Wettbewerbs, Beck-Wirtschaftsberater im dtv; München 1992; S. 129-156

Meffert, Heribert (1994): Entscheidungsorientierter Ansatz der Markenpolitik; in: Bruhn, Manfred (Hrsg.): Handbuch Markenartikel. Band 1; Schäffer Poeschel; Stuttgart 1994; S. 173-198

Meffert, Heribert /Bruhn, Manfred (1984): Markenstrategien im Wettbewerb; Schriftenreihe Unternehmensführung und Marketing; Gabler; Wiesbaden 1984

Moosleitner, Peter (1996): PM, Gruner + Jahr AG & Co, Druck und Verlagshaus, Verlagsgruppe München 8/1996

Müller, Götz-Michael (1994a): Dachmarkenstrategien; in: Bruhn, Manfred (Hrsg.): Handbuch Markenartikel. Band 1; Schäffer Poeschel; Stuttgart 1994; S. 499-512

Müller, Götz Michael (1994b): Dachmarkenstrategien, Markenartikel 4/1994; S. 142-148

Müller, Okko (1992): Ökomarketing – die Evolution des Markenartikels zur Verbindung von Ökonomie und Ökologie; Markenartikel 54. Jg.; Nr.7; S. 318-324

Neske, Dipl.-Volkswirt Fritz (1983): Gabler Lexikon Werbung; Gabler, Wiesbaden 1983

Nielsen A. C. Company Ges. m. b. H. (1995); in: Cash 11/95, Manstein Verlag, Perchtoldsdorf 1995

Nielsen Ad-Hoc Research (1995): Kiosk-Test Impulseis, Wien, August 1995

Ogilvy & Mather GmbH (Mai 1995): *Eskimo* – Das Hörfunk-Konzept; Wien, Mai 1995

Ogilvy & Mather GmbH (November 1995): Cremissimo – Konzepte für eine große Marke; Wien, November 1995

Österreichische Werbewissenschaftliche Gesellschaft (1992): Referate des Management-Symposiums „Erfolgreiche Markenführung"; Brunn/Gebirge 1992

Österreichisches Gallup-Institut (1995); Dr. Karmasin Marktforschung: Packungstest Cremissimo; Wien August/September 1995

Österreichisches Gallup-Institut (1996); Dr. Karmasin Marktforschung: Impacttest Fernsehen – Eskimo Cornetto; Wien, 13.5.1996

Pflaum, Dieter/Bäuerle, Ferdinand (Hrsg.) (1995): Lexikon der Werbung; Verlag Moderne Industrie; Landsberg/Lech 1995

PM und P (1996): Unternehmensberatung und Managementservice – Dr. Peter Millwisch: Brand Control 1996 – Akzeptanz und Image der Markenartikel in Gastronomie/Hotellerie und bei den Gästen; April 1996

Remmerbach K. U./Walters, M. (1994): Markenstrategien im europäischen Binnenmarkt; in: Bruhn, Manfred (Hrsg.): Handbuch Markenartikel. Band 1; Schäffer Poeschel; Stuttgart 1994; S. 653-672

Roberts, C. J./Mc Donald G. M. (1989): Alternative naming strategies: Family versus Individual Brand Names; Management Decision; Vol. 27; Band 6/1989; S. 31-37

Rode, Renate (1988): Marketing im Speiseeisbereich – ein Unterrichtsentwurf für Handelsakademien; Diplomhausarbeit an der WU-Wien; Wien 1988

Roniger, Rupert (1992): Entwicklung einer marktorientierten, innovationsfähigen Organisationsstruktur für einen Teilbereich der österreichischen Unilever G.m.b.H.; Wien 1992

Rotha, Franco P. (1994): PR- und Medienarbeit im Unternehmen – Instrumente und Wege effizienter Öffentlichkeitsarbeit; Beck-Wirtschaftsberater im dtv; München, 1994

Rüschen, Gerhard (1994): Ziele und Funktionen des Markenartikels; in: Bruhn, Manfred (Hrsg.): Handbuch Markenartikel. Band 1; Schäffer Poeschel; Stuttgart 1994; S. 121-134

Sandler, Guido (1994): Herstellermarken; in: Bruhn, Manfred (Hrsg.): Handbuch Markenartikel. Band 1; Schäffer Poeschel; Stuttgart 1994; S.43-56

Schäfer, Erich (1959): Aufgaben und Ansatzpunkte der Markenforschung, in: Der Markenartikel 1959; S. 403-412

Schauer, Dieter (1994): Die Entwicklungsgeschichte von Speiseeis, Diss.; Linz 1994

Schenk, Hans-Otto (1994): Handels- und Gattungsmarken; in: Bruhn, Manfred (Hrsg.): Handbuch Markenartikel. Band 1; Schäffer Poeschel; Stuttgart 1994; S. 57-78

Schmidt, Ingo/ Elßer, Stefan (1992): Die Rolle des Markenartikels im marktwirtschaftlichen System; in: Dichtl, Erwin/Eggers, Walter (Hrsg.): Marke und Markenartikel als Instrumente des Wettbewerbs, Beck-Wirtschaftsberater im dtv, München 1992; S. 47-70

Schröder, Ernst F. (1994): Familienmarkenstrategien; in: Bruhn, Manfred (Hrsg.): Handbuch Markenartikel. Band 1; Schäffer Poeschel; Stuttgart 1994; S. 513-526

Schweiger et al. (1995): Schweiger; Friederes; Strebinger; Rehrl; Otter (1995): Made in Austria – Kapital für österreichische Marken; Schriftenreihe des Wirtschaftsförderungsinstituts; Nr. 269; Wien 1995

Schweiger, Günter/ Friederes, Gereon (1995): Vom Markenmythos zum Markenwert; Werbeforschung & Praxis; Wien 1/1995; S. 26-31

Schweiger/Schrattenegger (1995): Werbung; 4. Auflage; Stuttgart–Jena 1995

Seidler, Jürgen (1994): Bedeutung der Verpackungspolitik für die Markengestaltung; in: Bruhn, Manfred (Hrsg.): Handbuch Markenartikel. Band 2; Schäffer Poeschel; Stuttgart 1994; S. 833-849

Smith, Daniel (1992): Brand Extensions and Advertising Efficiency: What can and cannot be expected; Journal of Advertising Research, Nov./Dec. 1992; S. 11-20

Steger, Ulrich (1994): Ökologische Aspekte des Markenartikels, Markenartikel 5/1994; S. 216-227

Steinecker, Friedrich (1978): Fallstudie Eskimo-Iglo; Beispiel einer erfolgreichen Reorganisation im Verkauf; Diplomarbeit, Wien 1978

Stuller, Walter (o. J.): Speiseeisfibel, Schriftenreihe des Wirtschaftsförderunginstitutes; Nr. 214; Wien o. J.

Timm, Fritz (1985): Speiseeis, Verlag Parey, Berlin 1985

Trommsdorff, Volker (1995): Innovationen in der Markenpolitik; Werbeforschung & Praxis; Wien 5/1995; S. 147-152

Unifrost Gesellschaft m. b. H. (1996): Eskimo-Iglo: So sind Wir; 2/96; Groß-Enzersdorf 1996

Unilever External Affairs (o. J.): Unilever Weltweit; London, Rotterdam

von Matt, Dominique (1990): Nützt die Dachmarke dem Image ihres Angebots – oder nur ihrem eigenen?; Marketing Journal 2/1990; S. 70-72

Wendelberger, Margit (1992): Wie können Flops vermieden werden? in: Österreichische Werbewissenschaftiche Gesellschaft: Referate des Management-Symposiums „Erfolgreiche Markenführung"; Brunn/Gebirge 1992

Westkämper, Prof. Dr.-Ing. Engelbert (1991): Integrationspfad Qualität; Verlag TÜV; Köln 1991

Wheelwright, Stephen C.; Clark, Kim B. (1992): Revolutionizing Product Development – Quantum Leaps in Speed, Efficiency and Quality; New York 1992; Deutsche Übersetzung von Allgeier, Herbert: Revolution der Produktentwicklung; Frankfurt 1993

Wicke, Lutz (1992): Der Umweltschutz als Herausforderung und Chance für den Markenartikel; in: Dichtl, Erwin/Eggers, Walter (Hrsg.): Marke und Markenartikel als Instrumente des Wettbewerbs, Beck-Wirtschaftsberater im dtv; München 1992; S. 157-184

Wilderer, Raimund (1994): Markenpolitik und Sortimentsentscheidungen; in: Bruhn, Manfred (Hrsg.): Handbuch Markenartikel. Band 2; Schäffer Poeschel; Stuttgart 1994; S. 1271-1282

Zuberbier, Ingo (1994): Aufgaben und Bedeutung der Werbeagenturen; in: Bruhn, Manfred (Hrsg.): Handbuch Markenartikel. Band 2; Schäffer Poeschel; Stuttgart 1994; S. 1055-1073

JOHN NAISBITT
HIGH TECH • HIGH TOUCH
Auf der Suche nach Balance zwischen Technologie und Mensch
DM 48,– / öS 350,– / sFr 44,50 / 300 Seiten
ISBN 3-85436-265-X

„Es hängt vom Menschen selbst ab, ob er die Technologie beherrscht oder sie ihn." (John Naisbitt) Trendforscher John Naisbitt warnt vor den Gefahren unserer Technologie-Euphorie und bringt all jene Fragen zwischen Technologie und Ethos zu Bewußtsein, die es in den nächsten Jahren zu beantworten gilt. „High Tech • High Touch" ist eine Gegenwartsanalyse mit durchaus optimistischer Zukunftsperspektive für das nächste Jahrtausend. Ein Buch, das Ihr Leben verändern wird!

PETER SENGE
THE DANCE OF CHANGE
Die Überwindung der 10 Wachstumsbarrieren
DM 95,– / öS 694,– / sFr 86,50 / 600 Seiten
ISBN 3-85436-300-1 / erscheint im März 2000

Erfolgreiche Unternehmen entwickeln sich durch die Bewältigung von Herausforderungen.
Für dauerhaftes Wachstum müssen wir Kräfte verstehen, die Veränderung daran hindern, Wurzeln zu fassen, sagt Peter Senge, Autor des Bestsellers „Die Fünfte Disziplin". „The Dance of Change", das Ergebnis von fünf Jahren intensiver Forschungsarbeit, zeigt die Bedingungen für dauerhaftes Wachstum und eröffnet den Zugang zum internationalen Fünfte-Disziplin-Expertennetz.

Face the Future

Signum Verlag Ges.m.b.H. & Co. KG
1080 Wien, Albertgasse 33
Bestelltel.: 01/406 50 33-35, Bestellfax: 01/406 50 33-12

GODFREY HARRIS
EMPFEHLEN SIE UNS WEITER!
Mundpropaganda als Marketinginstrument
DM 48,– / öS 350,– / sFr 44,50 / 256 Seiten
ISBN 3-85436-289-7

Sie verfügen über ein tolles Produkt, einen umwerfenden Service, haben aber nicht das Budget für eine professionelle Marketing-Kampagne. Oft kann Sie Kreativität wirkungsvoller bekannt machen als Geld. Wenn Sie den Dominoeffekt Mundpropaganda gekonnt einsetzen, können Sie viel Eindruck machen, ohne viel auszugeben.
In „Empfehlen Sie uns weiter!" bietet Godfrey Harris, der Pionier des professionellen Mundpropaganda-Marketing, die erste konkrete Anleitung, wie man Kundenempfehlungen gezielt anregt.

JOHN P. IMLAY / DENNIS HAMILTON
DIE TIGER-TAKTIK
Erfolgreich überleben im Dschungel der Wirtschaft
DM 48,– / öS 350,– / sFr 44,50 / 228 Seiten
ISBN 3-85436-230-7

Bankrott, aber unglaublich kreativ und motiviert – diese packende Business-Story über Motivation, Verkauf, Marketing, Kreativität und Unternehmensführung liefert zwölf Regeln für das Überleben im Dschungel der Wirtschaft. So setzen Sie sich auf den unberechenbaren Märkten durch!
„... zeigt unkonventionelle Führungsmethoden ..." TREND

Matthias Horx
Die acht Sphären der Zukunft
Ein Wegweiser in die Kultur des 21. Jahrhunderts
DM 48,– / öS 350,– / sFr 44,50 / 304 Seiten
ISBN 3-85436-299-4

„Die Zukunft gehört denen, die sie machen".
Deutschlands erfolgreichster Trendforscher Matthias Horx greift den Faden der Evolution auf und spinnt ihn weiter zu einem detaillierten, spannenden Szenario für das nächste Jahrhundert.
Der Autor klassifiziert unser gesamtes Umfeld als Acht-Sphären-Modell, dessen Entwicklung bereits jetzt vorprogrammiert ist.
Für Leser, die heute wissen möchten, was sie morgen bewegt.

Manfred della Schiava / William H. Rees
Was Wissensmanagement bringt
DM 48,– / öS 350,– / sFr 44,50 / 272 Seiten
ISBN 3-85436-298-6

Technologien unterstützen uns allgegenwärtig, aber nur der Mensch kann Wissen tatsächlich begreifen.
Wissensmanagement ist für jeden, der mentale Leistungen erbringt, ein aktuelles Thema. Wissen entscheidet über Ihren Erfolg. Zusammen mit Kreativität und Phantasie entwickelt sich aus Ihrem Wissen ein nützlicher Beitrag für Kunden, Mitarbeiter, Aktionäre und andere Partner Ihres Unternehmens.
Mit einem Vorwort von Tony Buzan, dem Erfinder der Mind-Mapping-Methode, und richtungsweisenden Beispielen aus Silicon Valley.